Sarl Édisud, La Calade, RN 7, 3 120 Route d'Avignon
13090 Aix-en-Provence – France
Tél. 04 42 21 61 44 / Fax 04 42 21 56 20
www.edisud.com – e.mail : commercial@edisud.com

ISBN 2-7449-0134-2

ALAIN PRUNEAU

BRICOLAGE AU JARDIN

ÉDISUD

INTRODUCTION

LE BRICOLEUR EN GÉNÉRAL

À chacun son monde. Certains se le font faire, d'autres se le construisent. Le Facteur Cheval a voulu son temple idéal dense et quelque peu tourmenté ; il en est qui dessinent des allées bordées de coquillages entourant des massifs où vaquent paisiblement quelques nains de plâtre autour d'un puits reconstitué en pneus peints.

Chaque réalisation a besoin de tours de main. Beaucoup s'en croient incapables. Certains se cachent ; il y a un certain snobisme à affirmer que l'on ne sait rien faire de ses dix doigts, comme on dit en Provence : « ça marque mal ! ». Le terme de bricoleur est alors péjoratif ; au même titre que l'on peut traiter quelqu'un de « sportif » !

Pourtant les dix doigts, combien de prodiges sont-ils capables de réaliser. Même si l'un d'entre eux peut souffrir de la chute incontrôlée autant que pesante d'un marteau ou de l'attaque sournoise autant qu'incisive d'un tournevis, les neuf autres, fiers de leur œuvre, communiquent à l'ensemble de la personne le bien-être et le contentement de la mission accomplie.

Attention : dès que l'on a reçu, non sans fausse modestie, les premiers éloges, témoignant parfois plus de la surprise que de la qualité du travail effectué (le changement d'une ampoule électrique par exemple...), il se présente le véritable risque de l'accoutumance ; telle une drogue, la recherche incessante des félicitations de l'entourage entraîne le débutant vers le bricolage...

Ami novice, il est encore temps de faire demi-tour, au delà de cette page c'est peut-être la perte. Et puis, pourquoi faire soi-même tout ce que d'autres savent faire, vendre et installer ? C'est vraiment le moment de fermer ce livre et de choisir un bon roman ! Regardez cependant la dernière réalisation du chapitre consacré au coin du jardinier... Peut-être vous laisserez-vous convaincre qu'il est des bricolages utiles !

LE BRICOLAGE ET VOUS

Vous avez été prévenu ; si malgré cet avertissement vous continuez, rendez-vous compte que vous êtes sur les traces de ceux qui par habileté, parfois par maladresse, souvent par hasard, ont découvert et transmis l'art de réaliser soi-même ce que d'autres savent bien faire ! Où en serions-nous si, du fond de sa grotte, l'homme redressé n'avait été obligé de fixer au plafond une barre pour suspendre les morceaux de mammouth, et une étagère pour ranger l'hiver les vêtements d'été et inversement ?

Et… pourquoi a-t-il été obligé de le faire ?
Parce que dans son entourage, son épouse ou ses enfants par exemple, mais sans oublier les grands parents ou les beaux-parents, lui répétaient que les conditions d'hygiène de conservation de la viande n'étaient pas respectées ou qu'il était très préjudiciable pour l'éducation des enfants que ceux-ci ne pussent ranger correctement leurs habits de peaux de bête. Excédé, il a cherché, cherché… puis il a trouvé… lui ou son voisin de rocher. La course à l'équipement commençait.
Il ne faut en aucun cas penser qu'il existe la moindre idée sexiste dans ces propos. A la réflexion, l'homme devait être trop occupé par la chasse et c'est sûrement son épouse qui a conçu et aménagé l'intérieur de la grotte mais aussi ses abords.
Naît-on bricoleur ? Nous n'avons pas la réponse. L'objet de ce livre n'est pas une réflexion philosophique sur l'inné et l'acquis ; cependant on peut affirmer que l'on devient bricoleur par goût, par nécessité, et même parfois par désœuvrement. Ce sont les aléas qui vont faire franchir le pas entre la construction miniature de la tour Eiffel en allumettes et celle plus coûteuse en énergie d'un mur de soutènement.

LE BRICOLAGE ET MOI

Pour ma part j'ai hérité de mains qui peuvent difficilement rester inoccupées. Il faut qu'elles touchent, manipulent… Très jeunes, elles ont reçu des tapes pour qu'elles se tiennent tranquilles. J'ai eu la chance qu'elles ne soient pas trop malhabiles ; j'ai collé des allumettes… Certes certains démontages de réveils-matin se sont soldés par la création d'œuvres contemporaines inaptes à mesurer le temps, mais dans ce cas, je pense qu'elles sont hors de cause et que l'horlogerie est un métier que l'on improvise pas sans quelques erreurs. Voilà le secret du bricoleur : la méthode des essais et des erreurs avec en corollaire la faculté de se remettre des erreurs, malgré les railleries parfois acerbes de l'entourage.
Une autre capacité qu'il faut développer pour cette occupation, c'est la résistance à la brûlure du désinfectant qu'il faut impérativement appliquer dès que l'on se blesse (sans oublier la précaution préliminaire du vaccin antitétanique !) ; pour ma part j'en ai usé et je conseille de veiller à toujours avoir une pharmacie bien approvisionnée et facile d'accès.

AU TRAVAIL !

Franchis ces quelques obstacles, rien ne s'oppose plus à l'expression immodérée de la création manuelle.
Comme pour l'homme des cavernes, il y a toujours une étagère à fixer (beaucoup moins de barres pour les quartiers de mammouth) ou un robinet qui fuit. Las des récriminations environnantes il est inévitable de passer aux actes.
A partir du moment où l'on a été catalogué dans l'espèce des bricoleurs, les demandes s'accélèrent : les enfants inconscients des subtilités techniques veulent un téléphérique pour descendre du troisième étage… Il y a aussi l'ami, le très bon copain qui, lui, a décrété depuis longtemps son inaptitude ; mais pourtant, lui non plus n'est pas à l'abri de l'étagère manquante ou du robi-

net qui fuit, et je trouve même que souvent il dépasse la moyenne des pannes. L'amitié permet de progresser rapidement ! Avec cet ami la technique s'améliore mais aussi l'ingéniosité car il n'a, évidemment, pour réparer en urgence la fuite du robinet qu'un vieux joint fendillé et une paire de pinces qui écrase plus les doigts qu'elle ne serre les écrous !
Les propositions d'aménagement contenues dans ce livre sont à adapter selon de multiples raisons : en particulier le goût personnel, la situation, les surfaces disponibles, le budget et, dans une certaine mesure les blocages devant des travaux pour lesquels on ne pense pas être capable d'arriver à un résultat satisfaisant. Attention à l'autocensure, il faut oser…

ET MERCI

Dans tout livre, il est bon d'adresser quelques remerciements. C'est très sincèrement qu'ils vont à ceux qui m'ont permis de pratiquer un loisir, c'est à dire ceux qui m'ont laissé libre de faire mes essais et erreurs mais aussi ceux qui m'ont forcé la main, parfois pour commettre des erreurs. Enfin j'ai eu quelques maîtres ; je n'en citerai qu'un. Lagaffe, prénom Gaston fils de Franquin ; à partir d'idées géniales il présente des réalisations prodigieuses, tout en sachant allier habileté et paresse, même si quelques fois il prend quelques libertés avec des contraintes bassement matérielles ; et je regrette qu'il ait été prisonnier de son travail administratif très absorbant et qu'il n'ait pu exercer son art et inventer des aménagements pour les jardins (j'imagine le tunnel préfabriqué pour taupe aux ongles cassés ou l'ascenseur pour écureuil perclus de rhumatismes…).

Et maintenant au travail…

LES GROS TRAVAUX

LA CONCEPTION

L'état des lieux

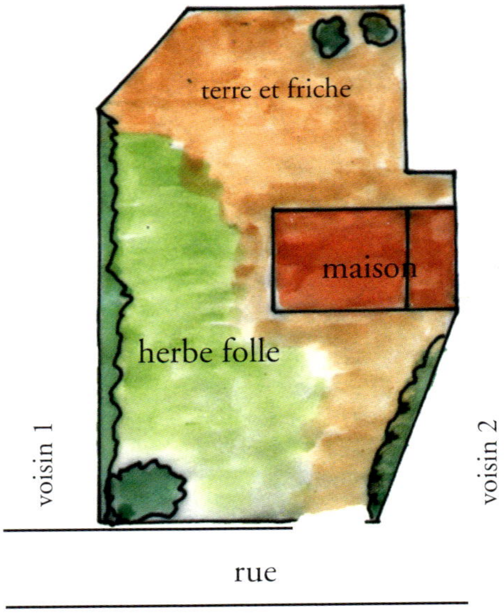

Quelque soit le terrain, il va falloir dans un premier temps faire l'état des lieux et en particulier dessiner un plan, le plus précis possible. La base peut être le relevé du géomètre ou un extrait du plan cadastral. L'échelle couramment employée est de 1/100 c'est à dire qu'un centimètre sur le plan représente un mètre de terrain. Pour des terrains très étendus (côtés supérieurs à 50 mètres) une échelle de 1/200 est suffisante (1 cm pour 2 m). Sur ce plan brut et orienté il va falloir repérer tout ce qui doit être conservé : bâtiment, arbres, puits, tonnelle…, inscrire les indications de relief : points hauts, bas, pentes, l'existence de rocher, fossé… et surtout marquer les passages de canalisations pour éviter tout désagrément lors des fouilles.

Quand tout a été mesuré, reporté (et peut-être vérifié), il est bon de faire des photocopies pour pouvoir esquisser différents projets. Il faut garder l'original... Il deviendra un document historique digne des archives familiales.

Pour effectuer des relevés de hauteur de terrain, il vaut mieux être deux !

- sur la clôture (mur ou piquet de grillage) ou sur des jalons, tracer avec du ruban adhésif un repère à 75 cm au dessus du sol.

- avec un niveau à eau mesurer la différence entre les repères à partir de quelques-uns qui serviront de référence pour reporter toutes ces mesures sur le plan.

- faire de même avec des jalons plantés à l'intérieur du terrain (en ayant évidemment soin de bien repérer leur emplacement.

- sans niveau à eau, ou pour des distances plus grandes on peut fabriquer un appareil de visée rudimentaire en fixant un niveau à bulle sur une règle de maçon. Installer cette règle sur un socle assez large (quelques parpaings par exemple) afin de pouvoir la faire pivoter tout en la maintenant horizontale ; l'orienter et la caler vers le point de mesure où un aide fait glisser verticalement une mire jusqu'à ce que celle-ci coïncide avec la visée le long du chant de la règle.

Avec niveau à eau

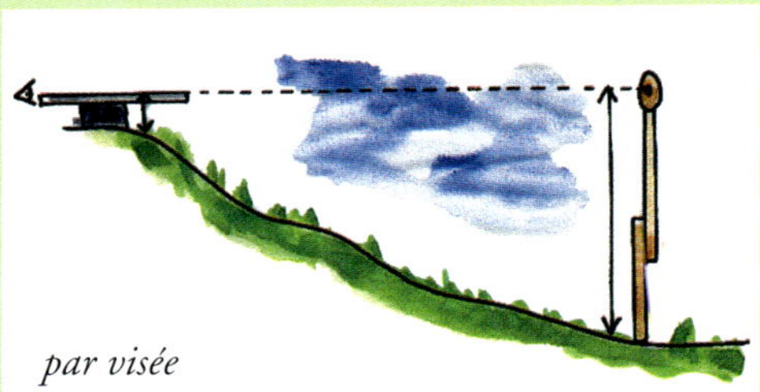

par visée

Les implantations

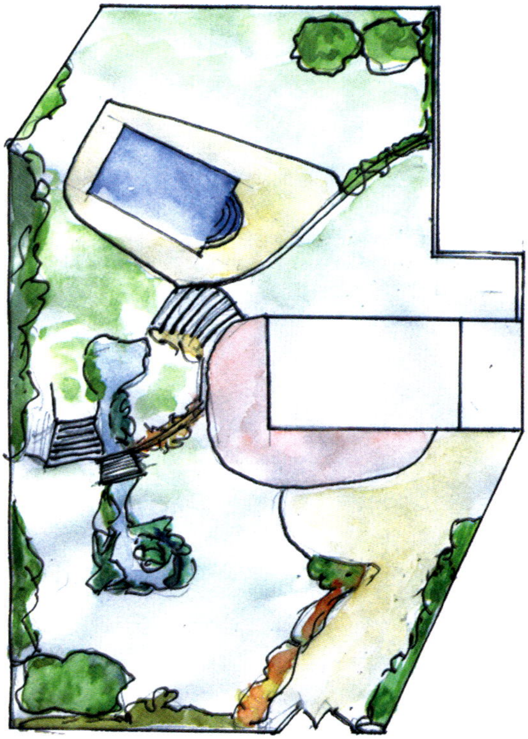

Les vœux

A partir du moment où on est en possession du document de base, place à l'imagination. Il faut lister, si possible de manière exhaustive, tout ce que l'on aimerait bien placer. Aussi bien des massifs avec les plantes que l'on a rêvé d'entretenir, qu'un pigeonnier, qu'une piscine… A ce stade pour passer des vœux à la réalité, il est bon de chiffrer le coût de chaque installation pour que le budget disponible ne soit pas dépassé. Il est aussi possible de scinder les travaux en plusieurs tranches ; il vaut mieux rendre un site agréable rapidement puis prévoir des améliorations ultérieures sans détruire ce qui a déjà été élaboré.

Les contraintes

Il faudra avant d'affiner le projet se renseigner auprès des autorités locales pour savoir quelle est la réglementation en vigueur : permis de construire, simple déclaration de travaux ou même interdiction de certains types de construction (clapiers ou poulaillers par exemple dans certaines zones résidentielles) ainsi que les obligations pour les revêtements et couvertures de bâtiments.

L'environnement

Après cette séquence plutôt négative, revenons au projet. La liste des équipements réalisables et des plantations est établie. Pour définir leur emplacement il va falloir déterminer dans quels coins ajouter des paravents (ou para-vue) de façon à sauvegarder l'intimité du lieu ou au contraire, le cas échéant pour élargir l'horizon, dans quels angles il faudra conserver des perspectives sur le village voisin, la vue dégagée sur la mer ou sur la colline ou la montagne.

Les opérations de sous-sol : créer mais aussi prévoir

S'il est envisagé des terrassements, le surcoût d'une ou deux heures de travail supplémentaire est vite amorti par le gain esthétique ; ne pas hésiter à créer des dénivellations sur un terrain plat ou des zones planes et horizontales sur un terrain en déclivité. Penser aussi à un bassin ou un ruisseau artificiel même de faible longueur.

Lors de cette phase de quasi bouleversement du terrain, c'est le moment de prévoir tous les réseaux : distribution d'eau potable, d'eau d'irrigation (s'il existe des alimentations différentes) et l'arrosage intégré automatique, l'électricité et l'éclairage, les évacuations d'eaux pluviales et des eaux ménagères et, enfin, des gaines libres équipées d'aiguilles (fils qui permettent de tirer de nouveaux câbles

ou tuyaux dans le conduit). Les normes de sécurité obligent que les gaines soient bien différenciées mais sont souvent acceptées dans la même tranchée à des niveaux superposés à condition d'être de la couleur normalisée et signalées chacune par un grillage plastique de la même couleur (bleu pour l'eau, rouge pour l'électricité, vert pour le téléphone).
Dans le cadre d'un projet évolutif, il est utile de placer quelques regards qui permettront, lors d'une nouvelle phase ou d'une modification du projet de se raccorder sans avoir à jouer les taupes en plein milieu de la belle pelouse ou du massif dont on est fier. De même, quelques prises électriques (étanches, évidemment) disséminées judicieusement faciliteront le travail avec des machines moins bruyantes que celles à moteur thermique et sans des kilomètres de rallonges qui s'accrochent et endommagent la végétation ou le pot de fleur offert par la tante Odette !
Après avoir ébauché toutes les implantations il faut confronter ce plan à l'expérience du terrassier. Il devra veiller à respecter ce qui est en place, en particulier en faisant les mouvements de terre sans laisser en surface tout le sous-sol et la terre végétale à un mètre de profondeur !

La simulation

Le plan est dessiné, toute la famille est d'accord…
Cependant, pour certains, il est nécessaire de procéder à une simulation pour voir en grandeur réelle. Il faut aller sur le terrain armé de plâtre, ficelles, piquets, bâches, tuyau d'arrosage… et tracer au sol tout ce qui a été décidé sur plan ; avec quatre piquets et de la ficelle, on peut figurer le volume d'une petite construction ; avec une bâche on simule l'emprise d'une piscine (c'est encore plus vrai si la bâche est bleue !), le tuyau d'arrosage délimitera les plages.
Quand les repères principaux ont été mis en place, il est bon de pouvoir pouvoir s'éloigner ou prendre un peu de hauteur, ne serait-ce que sur une échelle pour avoir une impression d'ensemble. Peut-être faut-il faire pivoter la bâche-piscine de quelques degrés pour que le passage soit plus commode ou que la plage soit assez grande pour l'installation de deux ou trois fauteuils bain de soleil.

Merci Monsieur Pythagore !

Pour tracer deux lignes bien perpendiculaires il faut revoir le programme de 6ème : le carré de l'hypo… bref, sur un des côtés on marque un repère à 30 cm ou 3 m ou 30 m selon la surface du traçage, sur le deuxième un repère à 40 cm ou 4 m ou 40 m. Ces deux repères doivent être éloignés exactement de 50 cm ou 5 m ou 50 m (Les trois mesures doivent être des multiples de 3, 4 et 5)

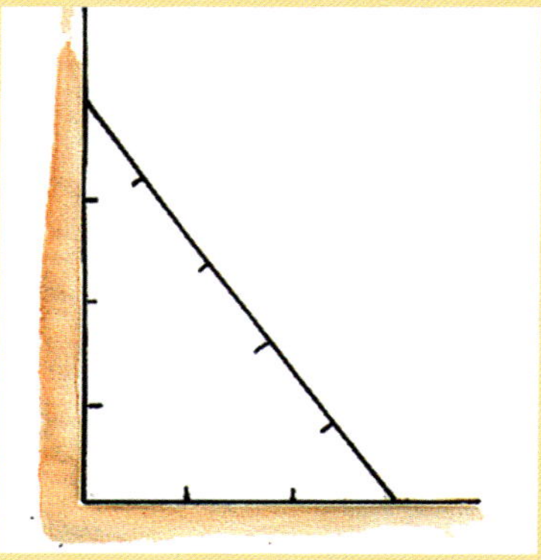

Une autre méthode consiste à dessiner les aménagements prévus sur des photos. Cela est très approximatif car il est difficile de respecter l'échelle et de plus, il faut avoir quelques notions de dessin en particulier sur le tracé des perspectives. Le résultat risque d'être navrant et loin de la réalité. Cette méthode est par contre très utile pour un aménagement sur une surface plane ; par exemple modification d'une ouverture sur une façade ou choix des couleurs de crépi.

Recommandations générales

Pour mener à bien le projet, il va falloir tenir compte :

- **des conditions générales du lieu :** altitude, latitude, vents dominants ...
- **du choix des végétaux** et des éléments décoratifs : dans un souci d'harmonie, les constructions devront être faites avec des matériaux et des teintes qui sont utilisées dans la région ; la sélection des plantations permettra de faciliter l'entretien ultérieur. Il est possible de créer un grand jardin tropical dans le centre de la France, mais que d'investissements !
- **de la nature du sol :** ce n'est pas l'objet, de ce livre, mais l'on ne peut se passer d'observer ce qui pousse dans les environs (il ne faut pas hésiter à copier les autres !) et pour plus de certitude faire procéder à une analyse (proposée par les horticulteurs ou les jardineries). C'est au moment du terrassement qu'il faudra procéder à des apports de terre ou d' amendements, mais aussi, et avant toute implantation, réaliser si c'est nécessaire un bon réseau de drainage (voir le chapitre drainage-arrosage).
- **de l'orientation générale** du terrain, mais aussi à l'intérieur : orientation d'une zone par rapport à une autre, ombres portées des arbres, des murs...

Quelques éléments à ne pas oublier

- **la création de niveaux différents** (une marche ou deux ou la surélévation d'un massif suffit parfois) permet de mettre en relief certains végétaux ou décors, laisser retomber des plantes couvre-sol...
- **le tracé des allées :** un tracé courbe est préférable à une portion droite ; cependant il ne doit pas y avoir d'angles aigus car en peu de temps des raccourcis vont se dessiner et détruire le coin de la pelouse ou de la plate-bande où l'on a mis tout son cœur. Ne pas passer trop près des arbres ; il est désagréable d'être obligé de ramper sous les branches basses, et encore davantage après la pluie ; adapter la largeur pour une circulation aisée et s'il y a des portions étroites, penser à des lieux de croisement ; en particulier, pour l'entretien, il faut prévoir le passage d'une brouette (s'il y a un escalier, aménager à proximité un plan incliné)
- **pépinière :** même s'il n'est pas prévu de potager, il faut réserver une zone qui servira de « crèche végétale » où seront effectués les semis et les travaux de préparation pour les massifs (voir la fabrication de chassis et mini-serres).
- **zone technique :** près de la pépinière il est indispensable de réserver un endroit pour le silo à compost, la réserve de terre pour le rempotage...
- **une piscine** doit être dégagée de l'ombre des arbres ou bâtiments (même si l'on prévoit une plage pour peaux sensibles). Pour la sécurité, en particulier pour les jeunes enfants il faut pouvoir en interdire l'accès soit par des murets soit par des clôtures habillées de végétaux ; cela à l'avantage aussi de retenir les feuilles qui ont la fâcheuse habitude, comme tout le monde, de vouloir se baigner.

- **les animaux :** eux aussi ont leurs lieux spécifiques, il en va de leur tranquillité autant que de celle de leurs maîtres.

- **les voitures :** ce n'est pas le décor idéal d'un jardin ; lorsqu'il n'y a pas de garage il faut trouver une astuce pour les dissimuler ; ne pas oublier, lorsque la surface le permet, une aire de manœuvre (il est déconseillé et parfois interdit de sortir d'une propriété en marche arrière).

- **les jeux d'enfants :** les placer de telle façon que la surveillance soit facile. Ne pas construire des équipements qui peuvent devenir dangereux : stabilité ou solidité insuffisante, risque de coincements (charnières mal protégée). Inspecter régulièrement ces installations pour vérifier leur bon état.

- **les arbres, arbustes et plantes :** ils grandissent ! Au moment des plantations, imaginer le volume qu'ils occuperont quelques années après. Pour celles et ceux qui changent souvent les meubles de place dans la maison, prévoir pour les plantes de taille petite ou moyenne, des containers (sans oublier un moyen de levage et de transport).

Trois bricolages pour cette phase de travaux

Un compas pour des relevés difficiles

Pour des mesures intérieures de longueur mais aussi d'angles ; par exemple entre deux parois non parallèles : découpe d'une étagère de placard « tordu ». Deux bras articulés et réglables en longueur, terminés chacun par un embout pivotant. Couper les embouts en biseau pour plus de précision dans les mesures lorqu'on s'en sert de compas d'écartement.

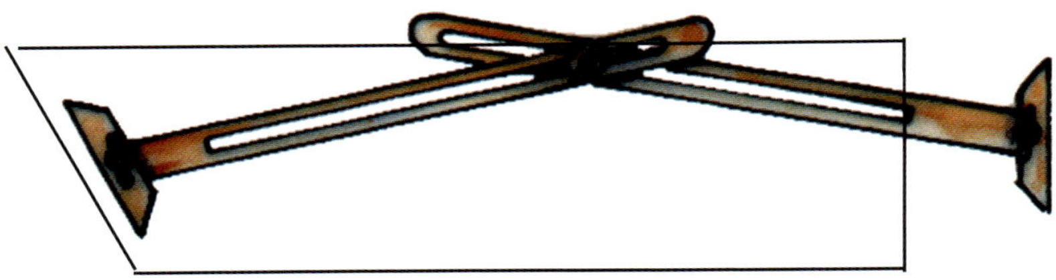

Pour cribler de la terre (ou tamiser)

Deux solutions : l'une manuelle pour de petites quantités ou pour les courageux : le crible classique sur pieds. Un cadre en bois supporte un grillage aux mailles adaptées à la finesse du tamisage désiré (ainsi qu'à la qualité de terre) ou mieux de la tôle déployée qui est plus solide. Il faut adapter les dimensions pour pouvoir installer ce crible sur une brouette, cela évite des manipulations.

L'autre mécanique : après avoir rempli la cuve de terre à cribler, on bouche la gueule de la bétonnière en fixant une grille ; tout en faisant tourner, on incline petit à petit la cuve au dessus d'une brouette.

La grille est fixée sur un cercle de fer rond de 15 mm (diamètre égal à celui de la gueule de la cuve) sur lequel sont soudés deux anneaux qui servent au serrage.

Les peignes (tôles à l'intérieur de la cuve qui malaxent le béton), sont généralement fixés par des pattes boulonnées. Faire deux crochets avec des tiges filetées ; à l'autre extrémité la grille est serrée par un écrou à oreilles appuyé sur une rondelle.

A défaut on peut réaliser la fixation avec des attaches de capot (matériel automobile). L'extrémité pivotante est fixée sur la grille avec un fil de fer de grosse section ; la patte où vient s'attacher celle qui forme un renflement, est boulonnée sur la cuve (mettre un boulon poêlier avec la tête lisse vers l'intérieur).

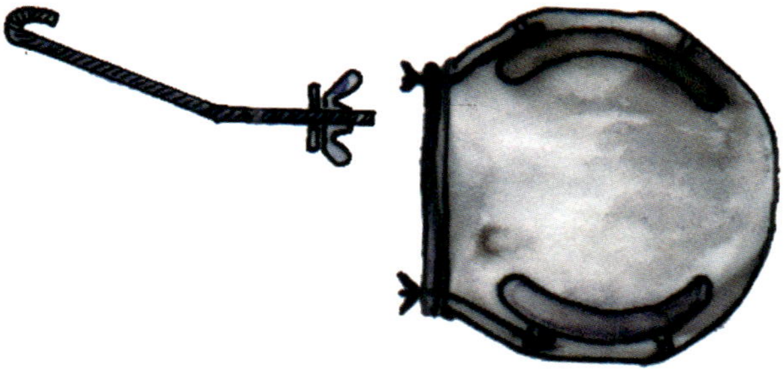

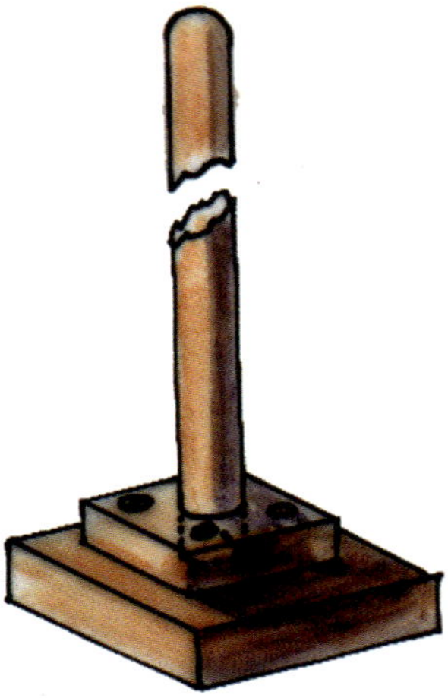

Pour tasser la terre : une dame ou un rouleau

Une dame pour des surfaces étroites ; on s'en sert en frappant verticalement le sol. La meilleure position pour éviter des douleurs lombaires est de tasser le sol entre ses pieds… Attention aux douleurs aux pieds !
deux carrés, l'inférieur de 20 cm de côté, sur lequel est vissé le supérieur de 15 cm de côté qui est percé au centre d'un trou de 3,5 cm dans lequel est fixé le manche de 1,20 m de long.
On peut améliorer l'efficacité de cet outil en l'alourdissant avec des morceaux de métal fixés sur les planches ou de tube autour du manche. Le maniement devient plus fatigant.

Un rouleau à tirer : dans un morceau de buse ou de tuyau en ciment on coule du béton ; au centre un tuyau de PVC permet de passer un axe que l'on plie de chaque côté et qui permet d'attacher deux cordes reliées à une poignée.

DRAINAGE - ARROSAGE

C'est au moment de l'élaboration des plans qu'il faut bien observer le terrain : pente, végétation existante, analyse du sol, présence de flaques d'eau persistantes après la pluie ou au contraire absorption quasi immédiate.

Un sol sablonneux ne constitue aucune réserve et un apport massif d'eau le « lessive » et élimine les apports en engrais et les matières nutritives ; d'autre part l'enracinement constitue une base fragile aux végétaux.

Les terrains mal drainés sont lourds, peu aérés, ont une activité bactérienne très réduite et leur fertilité est médiocre ; c'est le cas des sols argileux laissés en l'état. Par contre on peut très bien réussir des aménagements en veillant à choisir les végétaux adaptés et à préparer le terrain pour leur bonne croissance. Exceptées les plantes de marécages, peu de plantes se développent normalement dans des terrains où les racines sont noyées pendant des périodes assez longues ; c'est le cas des saules, des peupliers, des aulnes, des charmes et de certains bambous... Dans les autres cas il faut drainer le terrain pour éviter la stagnation de l'eau.

Il évident que les techniques de jardinage améliorent nettement les situations. Il est bien connu qu'un binage bien fait vaut deux arrosages (d'une part, suppression des herbes et plantes parasites et concurrentes et, d'autre part, obturation des minuscules conduits qui se forment entre les différentes particules constituant le sol). Ce n'est pas l'objet de ce livre, mais il faut garder à l'esprit quelques principes simples :

- l'eau ne doit pas stagner au niveau des racines, mais, doit se constituer des réserves utilisables par les végétaux ; il faut donc arroser moins souvent et copieusement en terrain lourd et au contraire plus souvent et en quantité moindre en terrain léger,
- lutter contre les déperditions en eau : éviter le ruissellement en travaillant en travers de la pente et non pas dans de haut en bas (cultures en terrasses ou simplement sillons proches de l'horizontale), éviter l'évaporation en ne laissant pas le sol à nu (paillage mais aussi tout simplement binage fréquent), en protégeant du vent par des haies (plutôt de feuillus pour que l'hiver les plantes profitent du soleil),
- choisir les végétaux à cultiver les plus adaptés au sol et à la région et, pour chacun d'eux, différencier les soins et en particulier l'arrosage.

Drainage

La méthode la plus simple est d'enfouir, dans des tranchées, des matériaux perméables : pierres (1), graviers (2) et sable (3). Si cela ne suffit pas, il faut ajouter un conduit où l'eau collectée coulera librement.

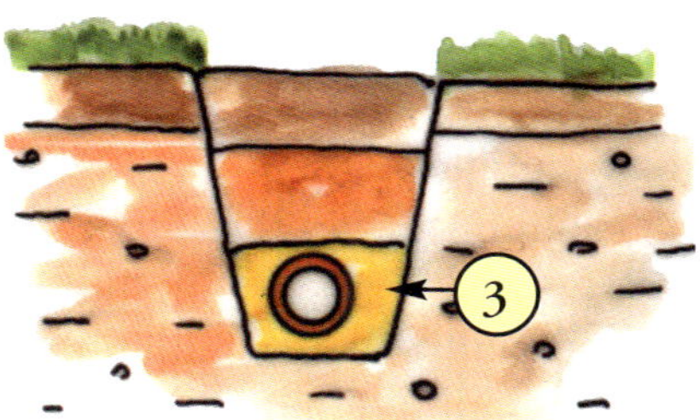

Maintenant la majorité de ces conduits sont en PVC, ils ont remplacé les tuyaux en terre cuite poreuse. Selon la topographie du terrain et son degré d'imperméabilité, il faut établir un réseau de tranchées dont le fond a une pente minimum de 2 centimètres par mètre. Si les ramifications, en forme d'arête de poisson, sont nombreuses et longues il faut adapter la section des collecteurs pour éviter tout engorgement.

Enfin, si on ne peut pas évacuer l'eau recueillie, au point bas il faut réaliser un puisard : un trou que l'on comble, comme les tranchées, de pierres et autres matériaux solides (briques, tuiles), puis de graviers et enfin une couche superficielle de terre sous laquelle on tend un film géotextile (A) constitué de fibres synthétiques empêchant la terre de descendre et colmater le puisard.

Il est possible aussi de profiter du relief pour construire une retenue (mare) et stocker cette eau qui sera utilisée pour l'arrosage.

Arrosage

L'approvisionnement en eau

La préoccupation première pour l'arrosage est l'approvisionnement en eau.

Les propriétaires les plus favorisés sont évidemment ceux qui possèdent sur leur terrain une source, un puits ou une rivière, bien que dans certaines d'entre elles la pollution atteint un tel niveau qu'il faut s'abstenir d'utiliser leur eau. Il est aussi intéressant d'étudier le coût d'un forage. Si le terrain à irriguer est en aval de l'arrivée d'eau, c'est une deuxième chance car l'installation ne nécessite que des canalisations, avec au départ un système de filtration. Si, par contre, la réserve d'eau est à un point bas du terrain, il faut installer une pompe qui, soit alimente un bassin haut qui est utilisé comme précédemment, soit branchée directement sur le réseau d'arrosage.

Dans certaines régions agricoles, il existe un réseau de distribution d'eau pour l'irrigation. Parfois les particuliers peuvent en profiter.

Les propriétaires moins chanceux doivent profiter de la pluie pour constituer les réserves les plus importantes possibles (les précédents peuvent le faire aussi car la qualité de cette eau est de loin la meilleure et convient pour toutes les plantes et spécialement celles qui ne supportent pas le calcaire). Le stockage se fait en récipients couverts, comme il s'en vend couramment maintenant dans les jardineries et magasins de bricolage, ou encore dans des citernes enterrées.

La collecte de l'eau de pluie la plus simple est la récupération de celles des toitures. Il ne faut pas négliger non plus le ruissellement sur les terrasses et sur les allées qui peut être dirigé, comme l'eau de drainage vers un stockage en un point bas.

Enfin, en dernier ressort, et c'est la majorité des cas, l'irrigation est faite à partir du réseau d'eau potable. Le coût de cette dernière, mais aussi le souci écologique d'économie dans les autres moyens d'approvisionnement, valent la peine de réaliser une installation d'arrosage ne distribuant que les quantités d'eau nécessaires.

Exemple de travail sur une canalisation en PVC

Installation d'un récupérateur d'eau de pluie sur une descente

Sur une descente d'eau pluviale déjà en place : il faut repérer à quelle hauteur il faudra que le tuyau de sortie de ce récupérateur soit placé (cela dépend de la hauteur du récipient de stockage). Si la partie du tuyau situé en dessous du récupérateur peut être démontée, le travail sera facile. Si ce n'est pas le cas, il faudra, au moment du collage, être très rapide car la prise de la colle est presque instantanée (il s'agit d'un solvant du PVC dont l'action est courte) et il n'y a pas de démontage possible : les parties étant encollées, il faut emboîter le manchon de façon exagérée vers le haut, légèrement en biais, puis immédiatement le baisser pour le mettre en position définitive, collé sur les extrémités de chaque tuyau.

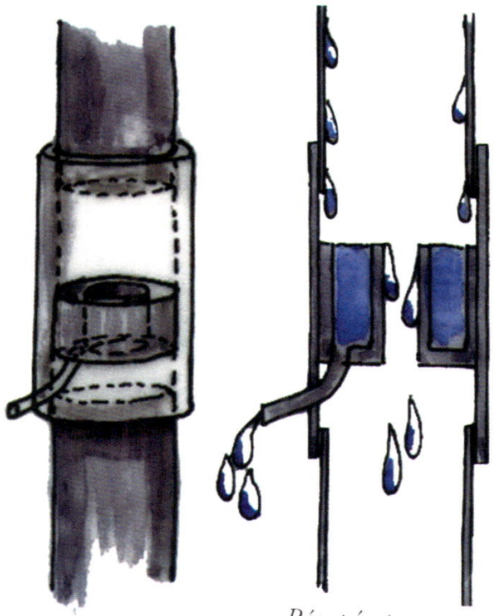

Récupérateur en coupe

Déroulement des opérations

La description ci-dessous est faite pour un tuyau bas non démontable.

1 - Mesurer et reporter sur le tuyau la hauteur (h) qu'il faut enlever ; attention, ce n'est pas la hauteur totale du récupérateur, il faut tenir compte des deux chevauchements ou les pièces seront collées. Pour tracer un trait dans un plan perpendiculaire à l'axe du tuyau, appliquer une feuille de papier tout autour, lorsque les bords coïncident, faire la marque.

2 - Scier (1) au niveau des deux marques, puis, à l'aide d'une lime fine, ébarber en faisant un léger chanfrein (petit biseau au niveau de la coupe à l'intérieur et à l'extérieur).

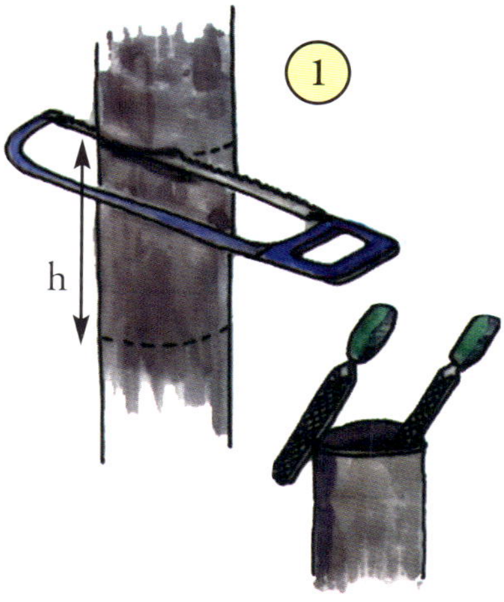

3 - Poncer (2) les parties qui vont être collées et les dégraisser (trichloréthylène ou équivalent) : parties extérieures des deux morceaux de tuyau et intérieures du récupérateur.

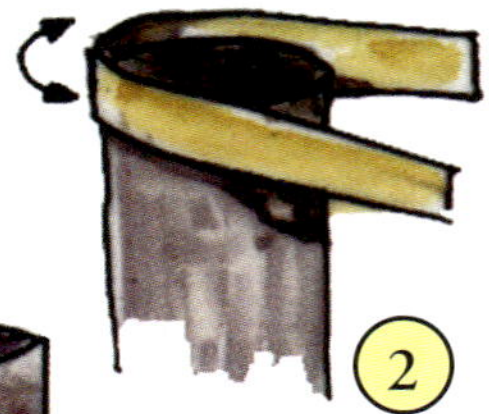

4 - En essayant à blanc le récupérateur, tracer sa limite inférieure (3).

5 - L'ôter et le laisser à portée de main ; avec un pinceau, enduire de colle (4) les quatre parties poncées.

6 - Très vite, emboîter le récupérateur vers le haut (5) puis, quand il peut être aligné le glisser vers le bas (6) jusqu'à la marque qui a été faite précédemment. Ces deux opérations doivent être réalisées en quelques secondes. Ne pas forcer si la prise du collage a commencé ; si l'opération a échoué, il faut couper de nouveau la descente en conservant le récupérateur et refaire un collage à l'aide d'un manchon-raccord. Si la partie basse peut être démontée, on peut travailler en deux temps : collage d'un côté, puis collage de l'autre

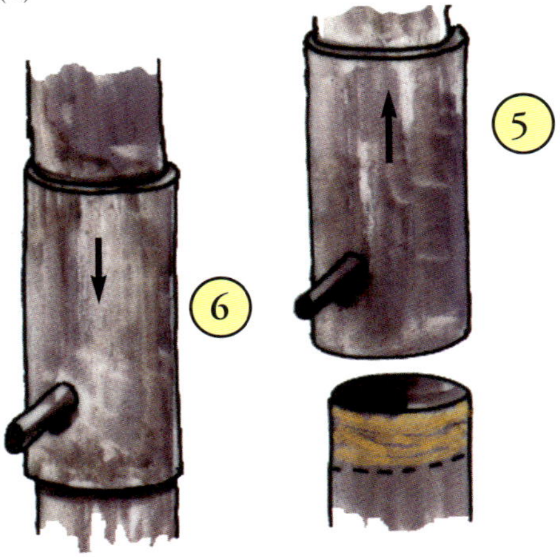

Exemple d'installation

1 - arrivée d'eau

2 - robinet arrêt réduction pression

3 - centrale de programmation

4 - vannes électriques

5 - jet escamotable à 360°

6- jet escamotable à 180°

7 - jet escamotable à 90 °

8 - système goutte à goutte

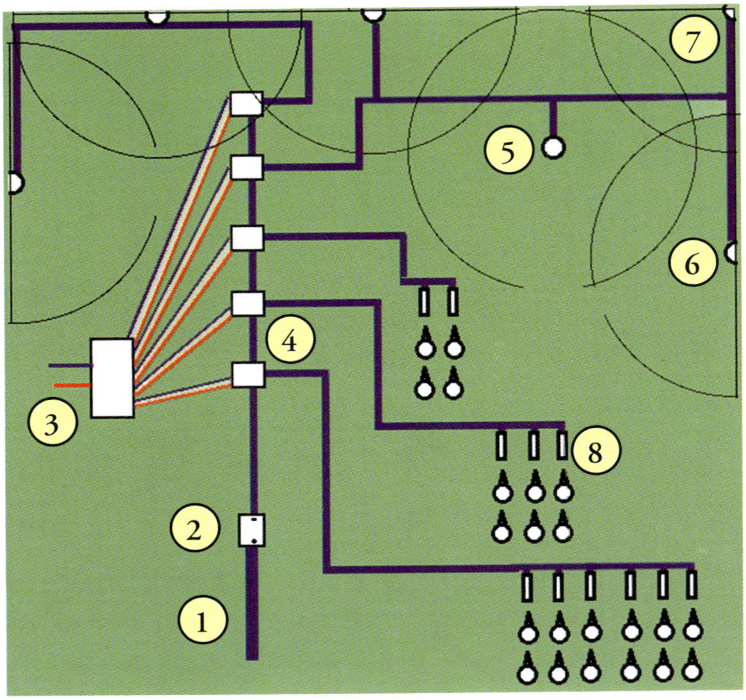

Toutes les jardineries et maintenant des magasins spécialisés proposent un matériel d'arrosage très complet. Cela va du simple tuyau branché sur un robinet à l'installation intégrée et gérée par une centrale de programmation qui peut intègrer des paramètres très divers : durée et fréquence d'arrosage indépendantes pour chaque branchement, adaptation au degré d'hygrométrie du sol, interdiction d'arrosage de certains jours…

Le prix de ces matériels produits en grande quantité a nettement diminué et il est très intéressant car il permet, à assez court terme, quand on utilise l'eau potable, des économies vu son prix dans la plupart des régions.

Le matériau de base des canalisations et appareils est le polyéthylène. Il est résistant à la pression, supporte de petites gelées, est très facile à assembler et d'un coût raisonnable.

Les appareils d'arrosage ne fonctionnent pas tous avec la même pression, ni les mêmes débits. Le système du goutte à goutte se fait en basse pression alors que les arroseurs tels que les turbines ou canons à eau ont besoin de pression plus forte. Les tuyaux adaptés à ces différentes pressions et débits (section de tuyau et épaisseur de leur paroi) se vendent en longueurs de 10, 25, 50 ou 100 mètres et il existe des raccords, des tés pour des dérivations, des coudes (pour éviter que le tuyau se plie si l'on fait des coudes de très faible rayon) des embouts filetés pour raccorder des vannes ou arroseurs, des réductions…

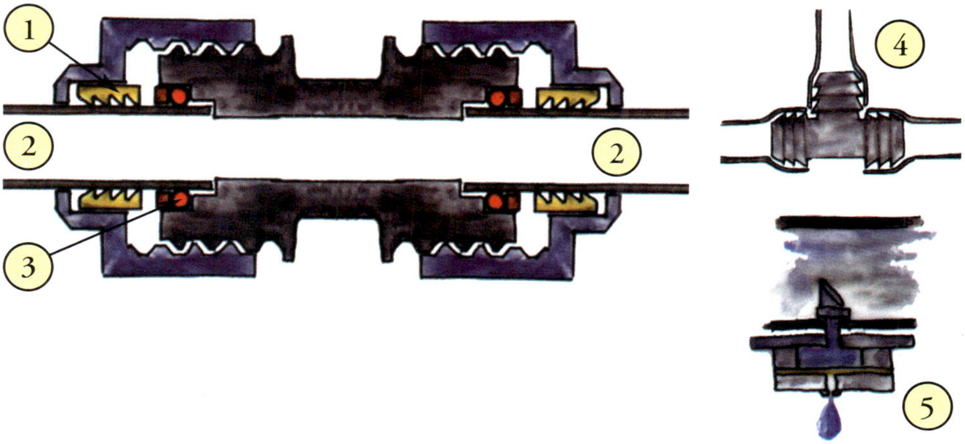

Les branchements à haute pression se font par raccords avec système de griffe (1) retenant les extrémités des deux tuyaux (2) et de joints de compression (3). Ils peuvent être enterrés, en prenant la précaution de le protéger, comme pour tout enfouissement, en mettant au fond de la tranchée du sable qui l'entoure. Tout le réseau est enterré, chaque appareil d'arrosage est branché sur un tuyau vertical de sortie.

Ceux à basse pression sont faits par emboîtement (4, raccord en « T ») ou par piquage (5, branchement d'un goutteur, vu en coupe). Ce réseau n'est pas enterré, les tuyaux sont placés au sol ou sur des supports spéciaux piqués dans le sol. Au départ des circuits alimentant ce type d'appareils, il faut donc placer un réducteur de pression, après chaque électro-vanne qui, elles, ont besoin de pression plus élevée.

Comme il a été dit plus haut, on peut relier ces différents branchements sur un robinet et effectuer manuellement les arrosages ; il est plus confortable d'investir un peu plus et installer une centrale de programmation qui commande des vannes électriques situées à l'origine de chaque circuit. Selon l'étendue de l'installation, celle-ci peut :

- soit être centralisée dans un local technique où arrive la canalisation d'alimentation en eau et d'où partent les différents circuits d'arrosage :

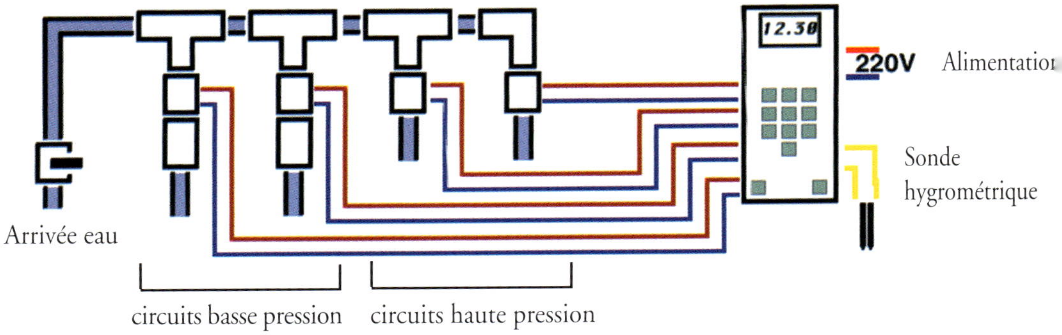

- soit n'avoir en départ que les circuits électriques commandant des vannes réparties sur le terrain.

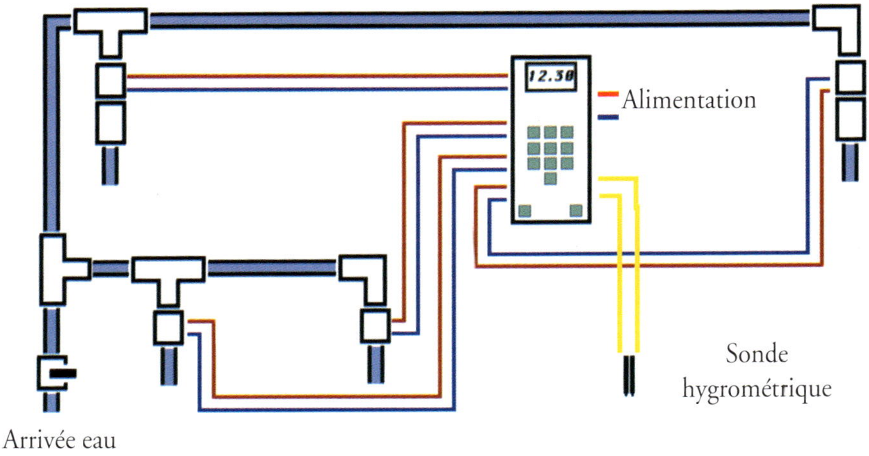

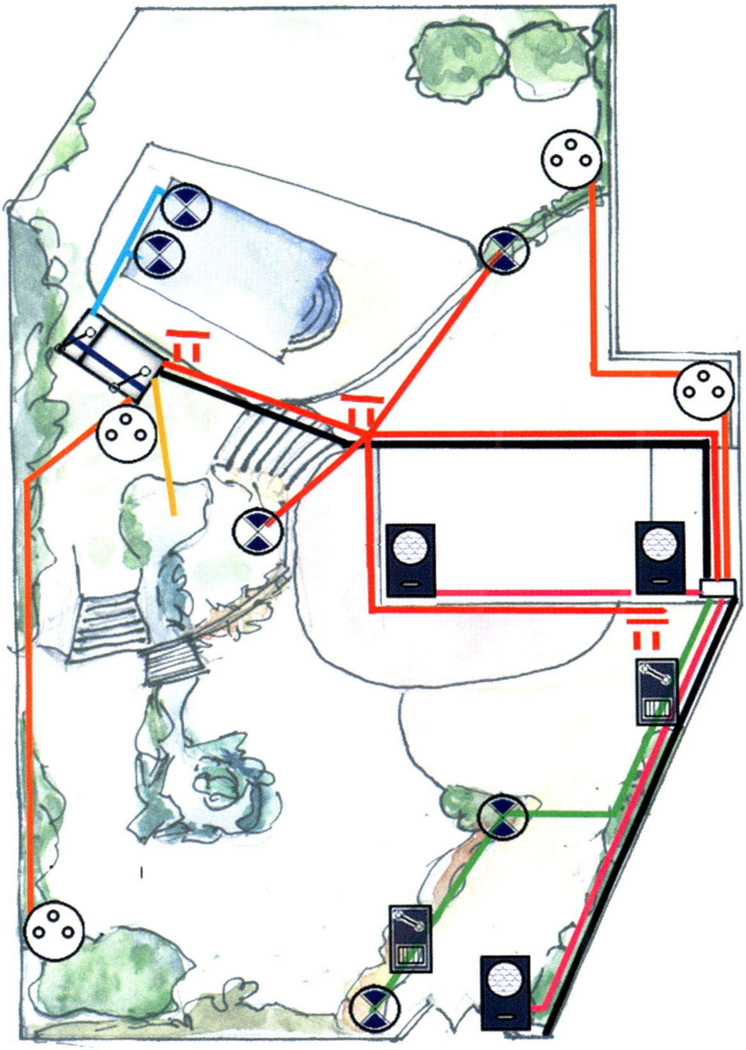

Ce chapitre ne concerne que des branchements extérieurs. Il est supposé que l'installation intérieure est aux normes. En cas de doute, il est préférable de s'en assurer en faisant faire une étude diagnostique, il en va de la sécurité de tous les occupants.
A l'extérieur, les besoins en électricité sont l'éclairage, les prises pour l'alimentation de matériel électrique, le branchement de moteur ou de pompe, et au niveau d'un portail, une gâche électrique, la motorisation ou un portier.
Les branchements vers la piscine, bassin ou point d'eau doivent respecter les mêmes précautions que celles imposées à l'intérieur des maisons pour les volumes dits « enveloppe » ou « de sécurité », en particulier pas de tension domestique (220 V) dans ces zones.

Pour une installation sure il faut respecter les points suivants :

- toute intervention sur l'installation (branchement, réparation, changement d'un appareil défectueux...) doit se faire hors tension à l'aide du disjoncteur du circuit ou le général qui met hors service toute l'installation,

le raccordement doit :

- être protégé par un disjoncteur différentiel et par des fusibles ou disjoncteurs, être fait sous gaine aux normes, sans raccords intermédiaires entre les points de distribution,
- être fait avec des câbles isolés de section adaptée à la puissance des appareils ;

les appareils utilisés doivent :

- tous être garantis pour une utilisation extérieure,
- être abrités ou mieux être situés dans des endroits étanches,
- être connectés à la terre.

Lorsque cela est possible, il faut privilégier l'utilisation d'appareils en basse tension (12V) ; par contre, il faut dans ce cas, des conducteurs de section plus importante.

Quelques données techniques

Neutre, phase et terre

Le courant électrique fourni par EDF est acheminé par des conducteurs qui ont un trajet aérien ou enterré. Pour du 220 Volts, ce qui est la tension quasi unique des installations domestiques, il y a deux conducteurs : le neutre et la phase.
Pour les repérer il existe des appareils simples tels que les testeurs à lampe témoin (tournevis) qui ne s'allume qu'en présence de la phase et d'autres plus sophistiqués tels que voltmètres (qui peuvent avoir d'autres fonctions et en plus mesurer des valeurs) ; ils réagissent lorsqu'on branche une des bornes de l'appareil sur un fil relié à la terre et l'autre sur la phase.
A partir du tableau de distribution vient s'ajouter un troisième conducteur : la terre qui relie un piquet (généralement en cuivre et pourvu d'une tresse elle-même en cuivre) et l'ensemble des boîtiers métalliques des différents appareils électriques et plus généralement dans la construction, tout ce qui peut être conducteur.
Les couleurs généralement utilisées sont le bleu pour le neutre, le jaune et vert pour la terre et une couleur pour la phase (souvent rouge, noir ou marron). Pour des liaisons entre des commandes, on peut utiliser d'autres couleurs telles que violet, jaune ou orange.

Tension, intensité et puissance

Ces trois notions sont liées. Dans le langage courant (!), la tension s'exprime en volts, l'intensité en ampère et la puissance en watts.
Pour une installation domestique la tension utilisée est de 220 volts ; on utilise également des basses tensions 12 volts (en courant continu : celui fourni par des piles ou par un transformateur).
La puissance est propre à chaque appareil utilisé ; elle peut aller de quelques watts (veilleuse, lampe de réfrigérateur) à 100 watts pour des ampoules jusqu'à plusieurs milliers pour certains chauffages.

L'intensité est dépendante des deux précédentes. Au hit-parade des formules, la fameuse E = MC2 est suivie de près par celle qui la définit : I = P/U. (P est la valeur en Watts de la puissance, U est la valeur en volt de la tension).

Fusibles, disjoncteurs

Au départ des circuits électriques il faut placer ces sécurités. Si, accidentellement, des parties dénudées des deux fils d'alimentation viennent en contact ou qu'un appareil branché sur un circuit demande plus de puissance que les conducteurs sont capables de transmettre, ce sont ces derniers qui vont s'échauffer ; sans protection, il y a un risque d'incendie. Les fusibles ou les disjoncteurs sont donc des points faibles ; dans les premiers, une partie du conducteur fond (d'où leur nom) ; après avoir détecté et réparé la cause, il faudra les remplacer par des fusibles neufs de la même valeur. Les seconds coupent le circuit, il suffira, après être intervenu sur la panne, de les réarmer.

Il faut veiller à ce que la protection par le fusible ou le disjoncteur soit bien « calibrée », c'est à dire adaptée à la section du conducteur utilisé sur le circuit.

On voit sur le tableau ci-dessous que la protection par disjoncteur a des valeurs plus élevées que celles par fusible.

Section du conducteur	Intensité maximale	Protection par	
		Fusible	Disjoncteur
1,5 mm^2	10 A	10 A	16 A
2,5 mm^2	16 A	20 A	25 A
4 mm^2	20 A	25 A	32 A
6 mm^2	32 A	32 A	38 A

Section des conducteurs

On dit qu'approximativement il faut un millimètre carré par tranche de quatre à six ampères, ce qui se vérifie dans le tableau.

Il faut faire attention à bien utiliser la formule citée plus haut I = P/U. Pour un projecteur de 100 watts, si l'alimentation est en 220 volts, l'intensité est d'environ 0,5 ampère ; par contre pour le projecteur immergé d'une piscine, alimenté en 12 volts, elle est d'environ 8,5 ampères. Dans les deux cas on ne peut pas utiliser le même câble ; pour la piscine il faudra des conducteurs de 2 millimètres carré (4 mm2 pour un projecteur de 300 watts).

Disjoncteur différentiel

Appareil qui détecte les « fuites » vers la terre et dans ce cas coupe le circuit. Il ne peut être efficace que si les appareils électriques sont eux mêmes reliés à la terre. Par sécurité, les normes imposent que tout matériau susceptible d'être conducteur doit être relié à la terre : c'est le cas des huisseries métalliques ainsi que le circuit de distribution d'eau et de chauffage central à eau chaude.

Circuit ouvert, circuit fermé

On compare souvent le circuit électrique à un circuit de distribution d'eau…
Cela entraîne quelques confusions. Lorsqu'on ouvre un robinet on fait couler l'eau. Par contre, lorsqu'on ouvre un circuit électrique on interrompt le flux. Pour que l'appareil installé sur ce circuit « marche » il faut le circuit soit fermé !
Les symboles sur certains interrupteurs sont : « O » lampe éteinte, « I » lampe allumée.

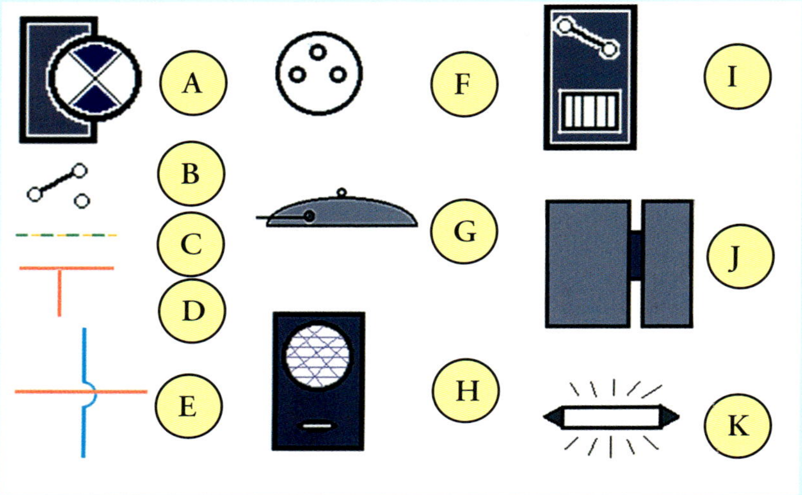

Symboles utilisés :

A : lampe
B : Interrupteur et contact
C : Conducteur (terre)
D : Connexion de deux conducteurs
E : Croisement de deux conducteurs sans connections

F : Prise
G : Sonnette
H : Haut -parleur/micro
I : cellule infra-rouge
J : gâche électrique
K : ampoule

Montage en série, montage en parallèle

Dans le premier cas, les appareils sont répartis à la suite sur le circuit. Sur le schéma sont représentées des lampes… Les ampoules n'éclairent au maximum qu'au tiers de leur puissance.
Si ce type de montage est fait avec des interrupteurs, pour que l'appareil branché sur le circuit fonctionne, il faut que tous les interrupteurs soient en position fermée… cela présente peu d'intérêt !

1

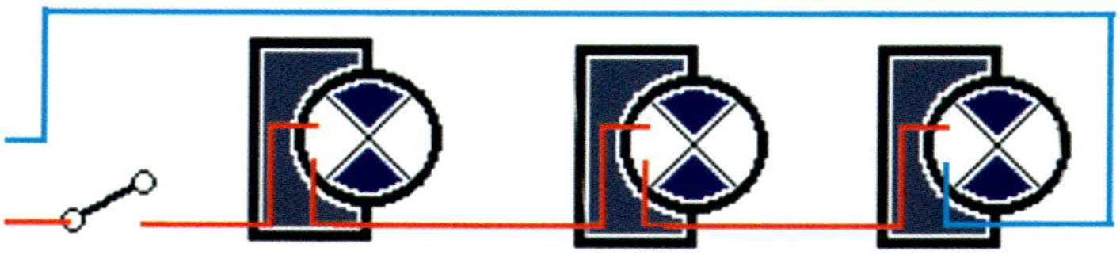

Montage en série

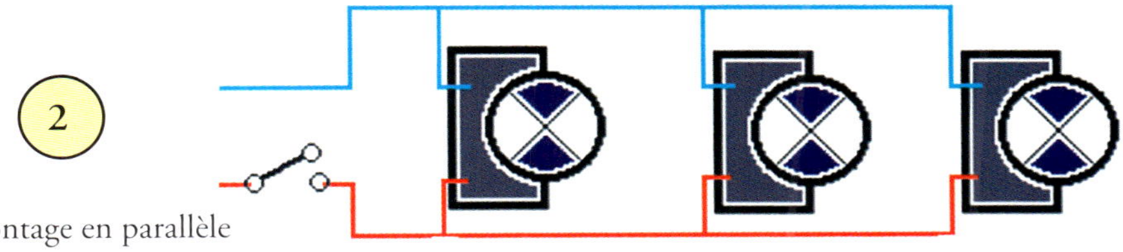

Montage en parallèle

Dans le second cas, chaque branchement est effectué sur une dérivation de chaque conducteur. Les ampoules du schéma éclairent à leur puissance réelle. Ce type de branchement est utilisé fréquemment pour l'éclairage.
Par contre si comme dans l'exemple précédent, le montage est réalisé avec des interrupteurs, l'ampoule branchée sur le circuit ne s'éteint que s'ils sont tous en position ouverte. Là encore, pour des interrupteurs cela ne représente que peu d'intérêt.

Interrupteur simple, va et vient et télérupteur

Le premier est unique et commande directement un appareil. Le système de va et vient possède deux interrupteurs qui peuvent commander indépendamment l'allumage ou l'extinction. Enfin le système par télérupteur permet la commande par une quantité illimitée de boutons poussoirs ; à chaque manœuvre, un poussoir envoie une impulsion au télérupteur qui change d'état : s'il était ouvert, il se ferme et inversement.

Le point de départ : le tableau de distribution

Après le disjoncteur différentiel, la distribution se fait par des circuits qui desservent chacun une partie de l'installation. Les prises sont séparées de ceux qui alimentent des éclairages eux-mêmes branchés sur plusieurs circuits ; il existe aussi des circuits particuliers indépendants tels que chauffe-eau, cuisinière… Ainsi, à titre d'exemple, à l'extérieur, on peut prévoir des circuits pour l'alimentation de :

- alimentation de l'abri de jardin (deux : prises et éclairage)
- éclairage
- commande portail
- prises (deux circuits si le terrain est vaste)
- local technique piscine (circuit renforcé si chauffage de l'eau)

La protection peut être améliorée en plaçant un disjoncteur différentiel plus sensible. Ceux qui sont placés en tête d'installation sont calibrés à 300 ou 500 milliampères, mais il en existe de 30 milliampères. C'est obligatoire par exemple pour l'équipement de filtration de la piscine.

Montage d'un allumage simple

La lampe est alimentée par du câble à trois fils ; le fil de phase est coupé dans l'interrupteur qui ferme ou ouvre le circuit.

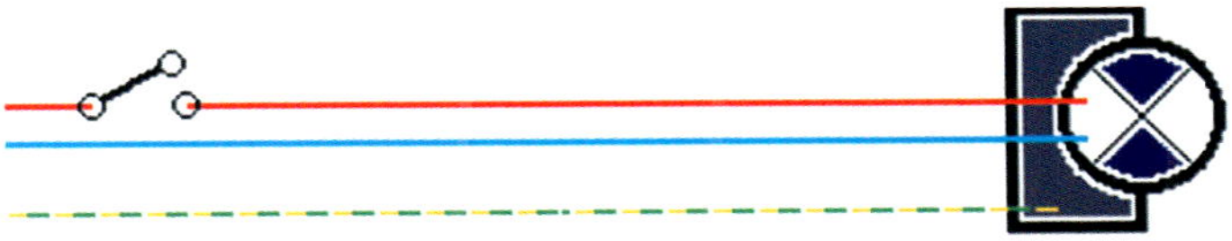

Montage d'un allumage en va et vient

La lampe ou les lampes sont alimentées directement par le neutre. La phase alimente un premier interrupteur qui met en contact l'un ou l'autre des deux fils de liaison avec le second interrupteur. La lampe est allumée quand les interrupteurs sont dans des positions permettant tous deux le passage du courant.

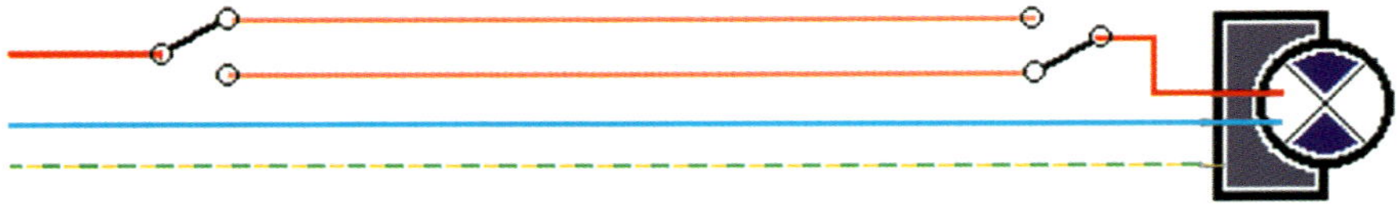

Montage d'un allumage avec télérupteur

La lampe est alimentée directement par le neutre.
Un circuit secondaire relie les boutons poussoirs (ils ferment le circuit uniquement pendant le temps de la poussée) et le télérupteur. Le nombre des boutons poussoirs n'est pas limité ; ils sont montés en parallèle pour que l'impulsion de n'importe lequel d'entre eux soit transmise au télérupteur. Certains alimentent ce circuit avec la phase, d'autres comme l'exemple du schéma, avec le neutre.
A chaque fois que le circuit secondaire est fermé, l'impulsion fait manœuvrer un éléctro-aimant qui ouvre le circuit primaire s'il était fermé et inversement.

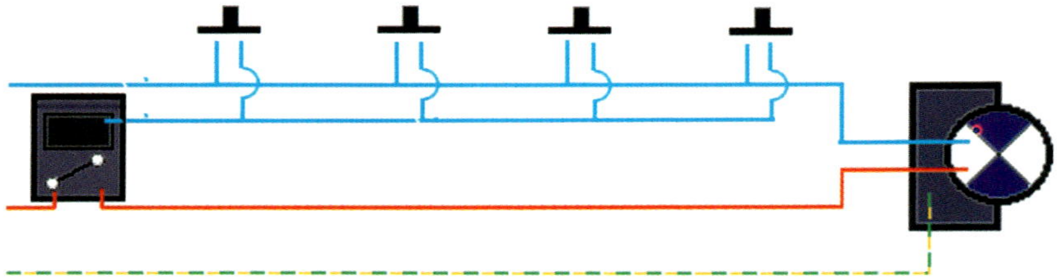

Montage d'un allumage avec détecteur infrarouge

La fermeture du circuit est provoquée par une cellule sensible aux variations d'émission de rayons infra-rouges. Ces détecteurs sont équipés en général d'une temporisation (minuterie) et on peut régler la sensibilité et la mise en route en fonction de l'intensité lumineuse extérieure (fonctionnement la nuit seulement ou toute la journée).
Il est possible de mettre plusieurs cellules en parallèle, pour, par exemple, détecter tous les mouvements autour d'une maison et allumer les circulations ; cela évite la recherche d'un interrupteur… surtout si l'on a les bras chargés !

Montage d'un ensemble portier de villa avec gâche électrique

A l'intérieur de la maison et au départ de cette installation est placé un transformateur avec une entrée 220 volts et une sortie basse tension 12 volts.
Le système extérieur de micro et haut-parleur est relié à celui de l'intérieur. Selon les modèles, il faut de deux à quatre fils de liaison ; pour un portier avec système vidéo il en faut en général quatre.
La commande d'ouverture est reliée à la gâche électrique et une ampoule de quelques watts pour l'éclairage de la plaque d'identité est alimentée directement.
Il est possible de brancher sur ce circuit plusieurs boîtiers intérieurs (micro et haut-parleur ainsi que la commande d'ouverture de la gâche). Il faut les monter en parallèle pour qu'il puissent fonctionner indépendamment.

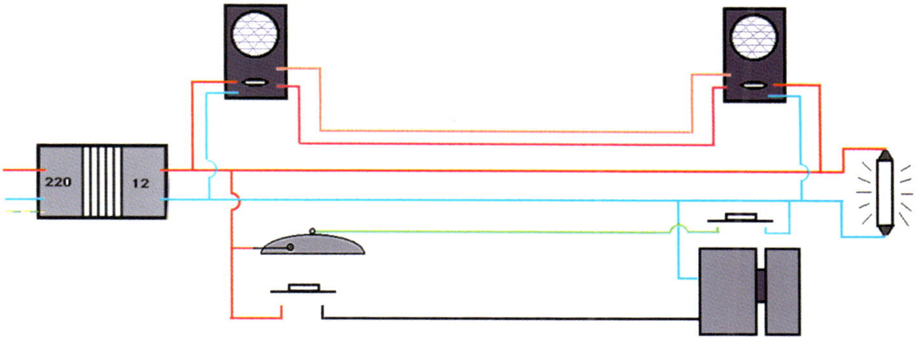

Montage d'un allumage à commandes multiples

Il est possible de combiner plusieurs système d'ouverture et de fermeture du circuit. Il faut cependant faire attention et, avant d'entreprendre les travaux, faire un schéma montrant bien les positions des interrupteurs pour voir si le courant a des chances d'arriver jusqu'à l'appareil, ou si, au contraire on peut l'éteindre.
Nous avons vu le montage de deux cellules infra-rouge ; si un interrupteur est installé en série (1), il met l'ensemble hors-circuit lorsqu'il est ouvert et permet aux cellules de fonctionner s'il est fermé ; si ce même interrupteur est installé en parallèle (2), il permet d'allumer la lampe même si les cellules ne ferment pas le circuit.

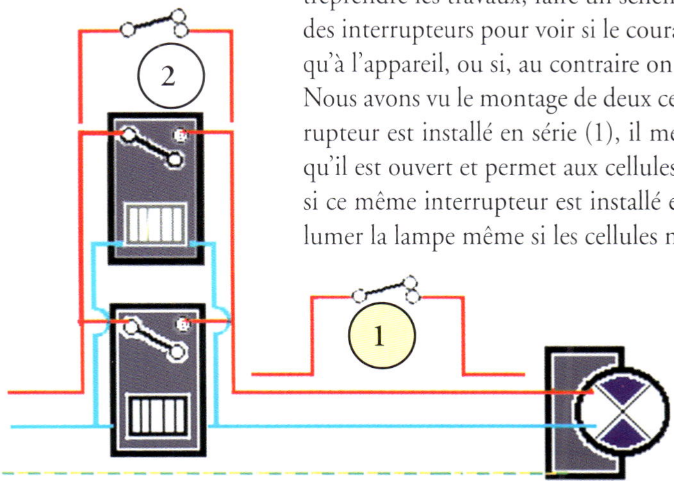

LA CRÉATION D'UN RUISSEAU OU D'UN BASSIN

Le tracé sera adapté au relief et à la surface du terrain. Il n'est pas nécessaire de le prévoir très long, une ou deux petites chutes lui donneront vie. Des zones calmes seront bordées de plantes aquatiques, mais aussi sur les rives de plantes « terrestres ».
L'alimentation en eau pour quelques privilégiés sera assurée par une source ou une prise sur un canal (en veillant à assurer la régulation du débit) Pour les autres, il faudra se contenter d'un remplissage classique avec le tuyau d'arrosage.

Le creusement

Pour l'exemple ci-dessus : trois vasques aux formes irrégulières (en éviter cependant un découpage trop compliqué) reliées par deux petits goulets en pente. Ménager au bord des vasques un plateau moins profond (une quinzaine de cm) qu'au centre (50 cm ou plus), cela permettra de cultiver des espèces différentes. Les pentes seront douces.

En PVC souple et 10 cm pour une construction en béton. Pour une succession de bassins enterrer un tuyau en polyéthylène de dimension adaptée à la pompe qui servira à assurer la remontée de l'eau au point haut. On peut creuser une petite gorge dans le bassin du bas ; cela constituera le trop-plein qui sera relié à un puisard.

La construction en béton

Modeler la forme avec du sable bien tassé au cas où, pendant le creusement, des grosses pierres auraient formé des trous inopportuns.
Mettre en forme, et là c'est un peu plus délicat, le treillis soudé (1) en pliant les fils soit avec une pince soit au marteau. Il doit épouser le fond du bassin. le mettre en place en le calant avec de petites pierres de façon à ce qu'il soit bien enrobé lors du coulage du béton.
Couler un béton (2) peu mouillé de façon à ce qu'il tienne sur les parois sans couler au fond. Surfacer avec un petit bloc de polystyrène pour « serrer » le béton. Après la prise passer un coup de balai pour enlever les grains de sable mal collés.
La couche de finition peut être réalisée soit par une peinture qui rendra étanche le cuvelage soit par une feuille de PVC (3) souple enterrée sur le pourtour.

Le bassin en PVC souple

Après creusement, bien vérifier qu'il ne reste aucun élément risquant d'endommager le revêtement (caillou coupant ou morceau de fer ou de verre, racines...). Etaler un lit de sable (4) d'environ 5 cm. Le pourtour sera constitué de matériaux solides (5) si possible avec des angles arrondis pour pouvoir enfouir le débord de la bâche. S'il y a plusieurs bassins avec des cascades, réaliser les pentes raides avec des dalles plates et lisses. Placer la feuille de PVC souple (6) et remplir le bassin assez lentement pour prendre le temps de supprimer un maximum de plis qui ne vont pas manquer de se former.

Finitions communes aux deux types

Les berges

Le remblai autour du bassin ayant été effectué, il faut réaliser l'habillage des rives. Elles peuvent être simplement engazonnées mais d'une part il sera délicat de tondre sans endommager le film PVC ou la peinture et, d'autre part, les projections d'herbe coupée saliront l'eau par putréfaction ; il vaut mieux prévoir un léger rebord entre bassin et pelouse.

De nombreux matériaux peuvent être utilisés : bois (traité), pierres plates, galets, sable (prévoir un maintien), dalles préfabriquées, briques. Des combinaisons de plusieurs matériaux peuvent être harmonieuses ; cependant il faut éviter d'en marier trop. Restent les parties plantées qui constitueront un petit rideau et un abri pour de petits habitants.

Le fond

Il est possible de « meubler » le fond ; il faut cependant prendre garde de ne pas endommager le revêtement. Si l'objet à mettre en place présente un risque, interposer une plaque de mousse ou de polystyrène.

C'est alors la méthode essais-erreurs qui aboutira à l'installation la plus esthétique : un ilot de galets, un support de pot pour une plante, un ou des plots pour un passage à gué… Les cascades seront plus vivantes si l'eau rebondit sur des obstacles.

Les récipients

Les végétaux peuvent être placés directement dans une motte de substrat pour plantes aquatiques. Il est préférable d'effectuer des plantations en pots (en particulier dans le cas de bassins de petite taille). En premier cela évite la prolifération et l'envahissement du bassin ; en second cela facilite l'entretien et enfin cela permet d'ôter les plantes qu'il faut protéger du gel.

Il existe dans le commerce des récipients spéciaux ; cependant tous les pots peuvent être utilisés, seuls ceux en bois devront faire preuve d'attention (prendre des précautions quant à la pollution de l'eau par les produits de traitement).

MURS, CLOTURES ET PORTAIL

LES MURS

Qu'est-ce qui se cache derrière le mur ?
Mur de l'intime protégeant ses secrets,
Mur d'ombre, frais et moussu
qui masque ou mur de soleil qui expose...

Dans le jardin, le mur ou le muret devient décor. Qu'il soit ancien ou neuf, qu'il clôture ou qu'il soit intérieur, qu'il soutienne ou qu'il délimite, il faudra lui prêter la plus grande attention pour le mettre en valeur tout autant que son environnement.

Le choix des matériaux

La construction peut se réaliser soit avec un seul type de matériau soit avec un assemblage : bois-pierre, pierre-brique, partie enduite-bois ou brique. Cela a déjà été dit : il faut tenir compte de l'environnement et du style régional. L'originalité ne doit pas briser l'harmonie. Excepté pour les adeptes de patchworks très bariolés, l'utilisation de deux matériaux différents, qui sera complétée par les végétaux, semble suffisante.

brique-pierre

bois-pierre

bois-enduit

brique-enduit

Créer, construire un mur ou un muret

Les fondations

- Creusement : plus le mur est haut, plus il faudra une base solide. On se contente, pour un muret sur un sol bien compact, d'un lit de béton où sont noyés deux fers à béton. Pour des murs plus conséquents ou dans un terrain moins stable, il faut augmenter les dimensions ; la largeur doit être supérieure à celle du mur, par exemple, un mur de deux mètres de haut construit en parpaings de 20 X 20 X 50 cm, nécessite des fondations de 30 cm de largeur sur 25 à 30 cm d'épaisseur.

TRUC : ***Pour faire des coffrages en courbe, utiliser des bandes d'isorel dur de 5 mm en veillant à bien étayer à l'extérieur pour éviter toute déformation lors du coulage du béton. Caler et remblayer de terre l'espace extérieur.***

■ **Coffrage** : si les bords des fouilles ne sont pas très nets (trop larges, bords effondrés...), il vaut mieux les délimiter par des planches dont l'écartement sera assuré soit par des piquets soit par des cales extérieures (bois, pierre, brique, terre...) et par des entretoises clouées sur le chant supérieur.

■ **Ferraillage :** utilisation d'ensembles préfabriqués ou assemblage sur place (voir chapitre mortiers et béton). Caler l'armature pour qu'elle ne touche pas la terre en plaçant des pierres ou des morceaux de briques ou de tuiles.

■ **Coulage :** dans un premier temps, arroser copieusement le fond des tranchées pour éviter que la terre absorbe trop rapidement l'eau contenue dans le béton. Le remplissage devra être fait le plus rapidement possible et en continu pour obtenir un ensemble homogène (pas d'interruption longue car la reprise sur une partie déjà dure constituera une zone de moindre résistance et peut-être de rupture).
Pendant toute la durée du coulage il faut vibrer le béton. Divers moyens peuvent être utilisés : pour de très gros travaux peut-être est-il utile d'envisager la location d'un vibreur ; pour des travaux de moindre importance, des mouvements énergiques de va et vient avec un fer tors dans le béton et/ou des coups de marteau répétés sur les coffrages (sans les déformer !) suffisent.

TRUC : ***Serrer dans le mandrin d'une perceuse en position de percussion un gros boulon. Appuyer la tête du boulon sur le coffrage et vibrer sur toute la longueur.***

Construction

•Préparation

Quel que soit le matériau utilisé et si les dimensions de construction sont importantes, on ne peut pas faire l'économie du fil à plomb et du cordeau. Plus la préparation et la mise en place auront été précises, plus la construction sera facile et régulière.
Le principe est d'avoir sur les parties extérieures du mur, les angles par exemple, des appuis verticaux (ou en biais pour un mur oblique) pour faire glisser le cordeau au fur et à mesure de la construction et respecter le plan vertical, mais aussi l'alignement horizontal des matériaux. Ces appuis peuvent être constitués soit par des piquets plantés à environ 30 à 50 cm des fondations soit en maçonnant directement les angles (cette solution se prête plus à la construction en éléments de forme parallélépipèdique tels que parpaings béton ou pierre taillée) ; dans les deux cas il faudra apporter le plus grand soin. Le cordeau sera maintenu à 2 ou 3 mm du plan de construction ; il faudra maintenir cet espace pour chaque nouvel élément. Le cordeau devra être tendu fortement pour éviter la flèche (la cordelette forme un courbe vers le bas) et la déformation due au vent pour des grandes longueurs.

cordeau entre piquets

cordeau entre angles

Cas particulier : construction en courbe

Première solution :
multiplier le nombre de piquets (verticaux ou obliques) ;
la courbe sera une série de segments qu'il faudra arrondir.

Deuxième solution :
traçage au sol de la forme pour le montage précis de tous les rangs au fil à plomb.
Si, vraiment pour cumuler les difficultés, la construction est oblique, le plus simple est de fixer un niveau à bulle sur une règle en le calant à la pente voulue

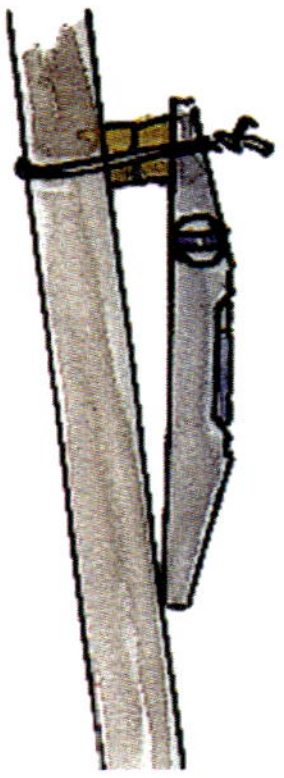

• *Assemblage*

Pour des matériaux d'épaisseur régulière, les joints horizontaux sont la plupart du temps alignés ; par contre les joints verticaux sont « croisés » (par souci esthétique mais surtout pour des raisons de solidité). Pour des matériaux de forme irrégulière, tels que des moellons de pierre, c'est par un choix judicieux que le constructeur va réserver des joints harmonieux (disposition et épaisseur) en trouvant les formes qui se complètent le mieux.
Bien nettoyer les éléments à mettre en place, enlever en particulier toute trace de terre sur les pierres qui ont été stockées longtemps ou qui proviennent de dépierrement de terrain ; d'autre part, juste avant la pose les humidifier, surtout s'ils sont poreux.
Pour obtenir des joints alignés horizontalement et faciliter le montage, choisir des pierres d'égale épaisseur qui constitueront une rangée entière. Cela permet d'étaler à l'avance du mortier pour plusieurs éléments, au lieu de les sceller un par un.

• *Finition avec des joints apparents*

Lors du montage des éléments il est possible de faire simultanément les joints, mais le plus souvent on laisse en creux le mortier de construction assez grossier pour réaliser ensuite l'ensemble des joints avec un mortier plus fin et coloré.

Les espaces entre les éléments peuvent être comblés totalement pour obtenir une surface plane ; on peut aussi les creuser d'1 cm afin d'augmenter le relief car la lumière s'accrochera sur les aspérités des pierres alors que les joints seront dans l'ombre.

Certains maçons réalisent des joints en relief : après avoir laissé déborder le mortier sur toute la largeur du joint, ils coupent l'angle de ce bourrelet et le lissent ; là aussi, les formes arrondies et aléatoires des pierres assombries près des joints sont soulignées par ces segments de droite plus éclairés.

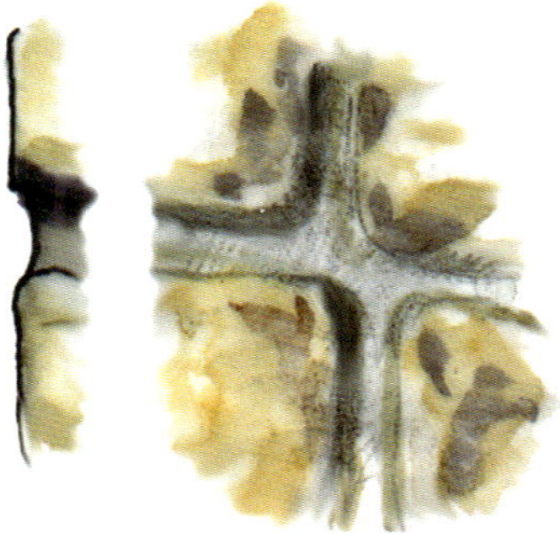

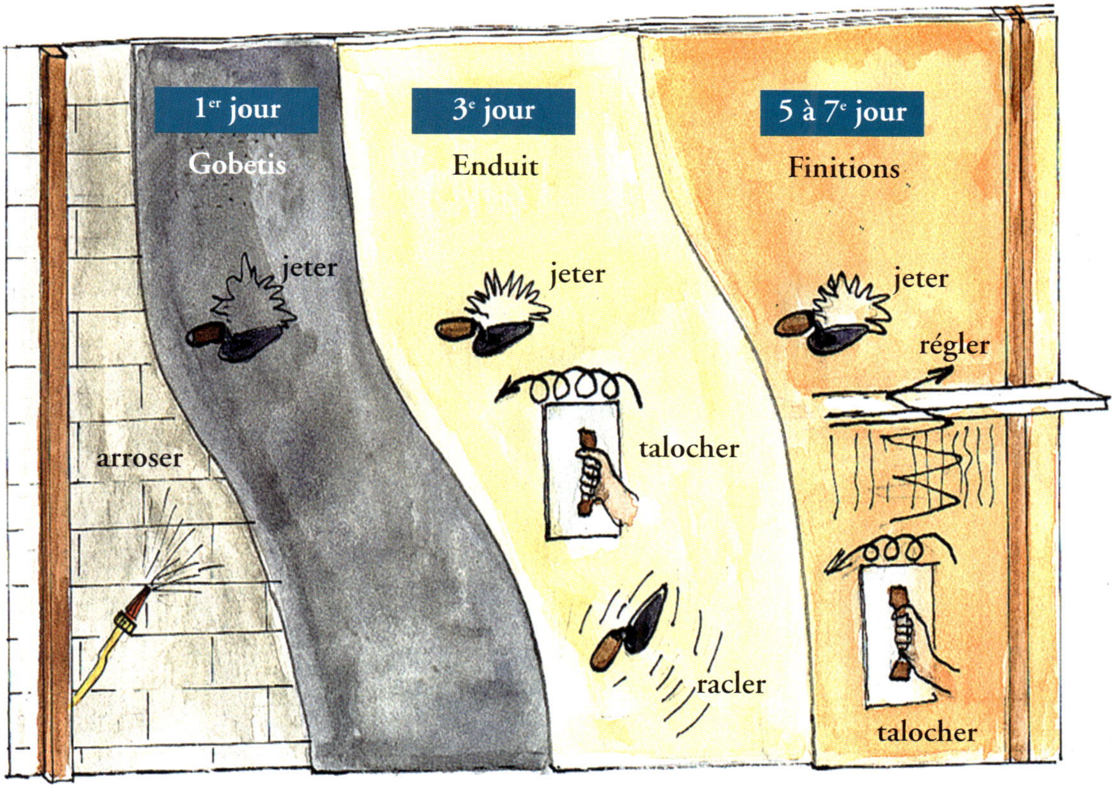

Traditionnellement un enduit se réalise en trois couches :

- le gobetis (quelques millimètres) fait avec du mortier riche et fluide qui sert d'accrochage,
- l'enduit lui-même (un à deux centimètres) laissé rugueux,
- la couche de finition (moins d'un centimètre).

Ces deux dernières couches peuvent être rendues imperméables par l'adjonction de produit hydrofuge, la dernière étant laissée en teintée brute ou colorée.
Avant chaque phase, il est nécessaire de bien arroser la surface à traiter ; de même s'il y a une interruption ou une grande surface nécessitant des retours, il ne faut pas hésiter à humecter généreusement l'enduit déjà étalé au niveau de la reprise.
L'aspect terminal peut être lisse par talochage (et même finition avec une taloche métallique) ou un peu plus rugueux par le passage d'une éponge humide ou d'un bloc de polystyrène ou encore avec un peu plus de relief par grattage : lorsque la prise est bien commencée, racler avec le tranchant de la truelle afin de décoller les grains de sable superficiels et finir par un coup de balai. Cette dernière finition a l'énorme avantage pour des amateurs de masquer avantageusement des défauts de reprise ou de surface ; d'autre part, la lumière donne du relief en éclairant les saillies et en ombrant les trous laissés par les grains décollés.

• ***Finition par placage***

C'est la technique du carrelage ; les éléments de placage peuvent être soit des matériaux préfabriqués (carreaux en céramique, tuileaux…), soit des pierres naturelles en plaques de faible épaisseur (ardoise, pierre d'Allomagne, pierres sciées…). La difficulté, par rapport au carrelage au sol, est évidemment le collage à la verticale, mais c'est une difficulté que l'on peut maîtriser rapidement.

Collage de pierres avec bandeau de tuileaux :
Commencer par marquer au cordeau traceur (1) le bord inférieur de ce bandeau ; fixer une règle sur cette ligne (2) ; encoller au ciment-colle sur une largeur légèrement supérieure aux tuileaux (3) ; les coller en réservant des joints (4). Si l'on veut qu'ils soient réguliers, il faut utiliser des croisillons vendus dans le commerce ou se constituer une petite réserve de cales de même épaisseur (5). Ôter le surplus de ciment colle au dessus des tuileaux.

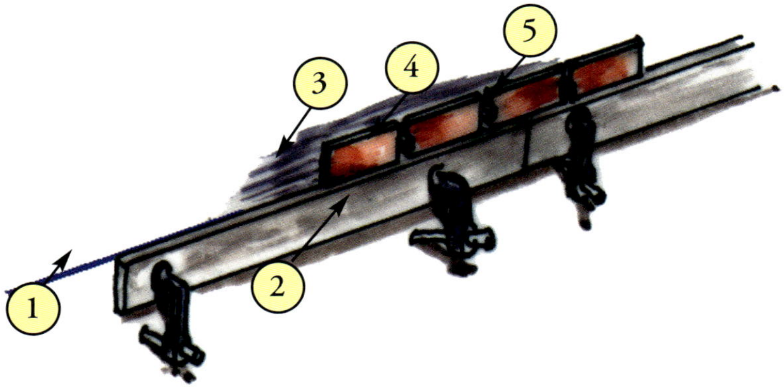

Lorsque la colle a pris, retirer la règle et commencer le collage des pierres en les choisissant pour dessiner des joints de largeur régulière. Certaines pierres, en particulier les grandes risquent de glisser vers le bas ; à défaut de cales adaptées à l'épaisseur des joints, on peut appuyer sur la pierre récalcitrante une planche lestée à son pied. Bien faire adhérer en frappant avec un maillet en caoutchouc. Adapter la surface à la taille du matériau pour éviter un séchage trop rapide de la colle étalée sur le mur. A chaque reprise ne pas hésiter à nettoyer la colle de la surface précédente.
Finir par les joints des pierres à la truelle fine et truelle langue de chat pour les tuileaux.

Un mur en pierres sèches

Les pierres sont empilées, on dit qu'elles sont appareillées ; c'est leur masse et leur équilibre qui font la solidité de l'ouvrage. Les modèles de cultures en terrrasses des pays au relief accidenté sont un exemple de construction et de longévité.
Les principales qualités du bâtisseur en pierres sèches sont la patience, de bonnes vertèbres lombaires, le coup d'œil pour détecter dans le tas de pierres celle qui va s'assembler parfaitement… ou à défaut, la patience pour en essayer plusieurs.
Ce sont des murs plus épais que les murs maçonnés ; il leur faut un soubassement stable en réservant une emprise plus importante. Le sol doit être bien tassé s'il a été fraîchement remblayé et, en particulier dans des régions escarpées, même si ce n'est pas dans l'esprit du mur en pierres sèches, on peut couler une fondation bétonnée ; pour des hauteurs assez importantes, on peut aussi tricher un peu en incorporant quelques truelles de ciment très discrètement, bien à l'intérieur !

Montage des pierres

Sauf pour des murets très bas, ces murs ont une base plus large que le sommet ; plus le mur est haut, plus on est obligé de respecter cette règle. Si c'est un mur de soutènement, il faut augmenter l'épaisseur et protéger l'infiltration de terre et répartir les poussées en remblayant de cailloux l'espace vers le haut.

Comme pour les murs maçonnés, au fur et à mesure de l'avancement des travaux, on fait coulisser un cordeau sur des guides bien ancrés au sol. Les appareillages les plus réussis esthétiquement sont ceux pour lesquels on réalise des joints horizontaux alignés ; par contre les joints verticaux sont discontinus. De même, pour la solidité cette fois, d'une rangée de pierres à la suivante, les joints à l'intérieur du mur doivent être au maximum en chicane.

Il faut que les pierres aient les surfaces de contact entre elles les plus grandes possibles et, excepté pour celles en forme de lames régulières, faudra-t-il en retailler de temps en temps. Il est donc nécessaire d'ajouter une qualité : précision du coup de massette pour enlever l'excroissance qui rend la pierre bancale ou affermir un angle ; et cela sans réduire la pierre en poussière ni les doigts en « compote ». Pour cette taille, se servir d'une des arêtes de la massette ou le faire au burin (ou « ciseau à froid »).

Il est évident qu'il va être difficile voire impossible d'utiliser des galets aux formes arrondies sans avoir une pente très importante entre la base et le sommet du mur.

Réservation d'une niche

C'est la masse qui est la plus importante pour la stabilité de l'ouvrage ; on peut cependant créer des trous en se servant de grandes pierres qui forment un linteau (A)

(A) linteau

ou bien faire une voûte très simple avec deux pierres plates (B), ou plus difficile pour le choix des formes, plusieurs pierres en forme de coin avec une clé calant le tout (C).

(B) appui sur deux pierres plates

Généralement le dessus est constitué de dalles couvrant la largeur du mur, reliant bien les pierres de dermière rangée en ne formant que des joints transversaux.

(C) voûte arrondie

Les réparations

Les dégradations des murs proviennent de chocs, du mauvais état de l'enduit ou de la couverture ou encore du veillissement des matériaux accéléré dans certaines régions par la pollution. Qui connait la cause a déjà fait un pas dans la réparation… Même s'il parait modeste !

Réparer un enduit

Il faut cerner l'enduit qui est abimé et le décroûter. Toute partie qui part en poussière ou qui sonne creux doit être enlevée. Il est inutile de frapper fort : en tapotant avec le manche d'un outil on perçoit facilement les changements de résonnance, les parties saines produisent un bruit mat.

Si le mur est en éléments maçonnés (pierres, moellons, briques…), il faut creuser les joints sur un ou deux centimètres pour que le futur enduit puisse s'accrocher convenablement. Si ces éléments sont beaux, c'est peut-être l'occasion de les laisser apparents en ne refaisant que les joints. Pour cela il faut s'appliquer à décroûter l'ensemble et la location d'une sableuse est parfois à envisager.

Si la structure du mur est ancienne (en pisé, vieux parpaings qui se délitent…), prévoir d'armer l'enduit par un grillage. Il est fixé (généralement par des pointes) pour ne pas être collé au mur et bien s'intégrer dans le mortier.

Si, malgré un dépoussiérage complet, le support reste pulvérulent, badigeonner (pinceau ou pulvérisateur) un produit qui colle les grains et durcit la surface ; ce type de produitse trouve chez les vendeurs de peinture ou de matériaux pour le bâtiment.
Les opérations suivantes sont les mêmes que pour un enduit sur un fond neuf. Pour un meilleur accrochage du gobetis, adjoindre à l'eau de gâchage une résine dite « de reprise » et même, pour les supports douteux, mélanger cette résine à l'eau pour mouiller le mur.

Remplacer une brique ou une pierre

Le gel fait souvent des dégats sur les matériaux poreux mal protégés. S'il est nécessaire de remplacer un élément isolé, la patience est souvent de mise pour l'ôter par petits morceaux, avec broche, burin et massette (sans oublier les gants et les lunettes !) ; on peut utiliser une perceuse pour faire une série de trous proches les uns des autres, le travail au burin est facilité. Il faut bien dégager toute trace de mortier. Prendre ensuite les mesures et choisir, ou tailler, un élément en réservant tout autour un espace pour le scellement.

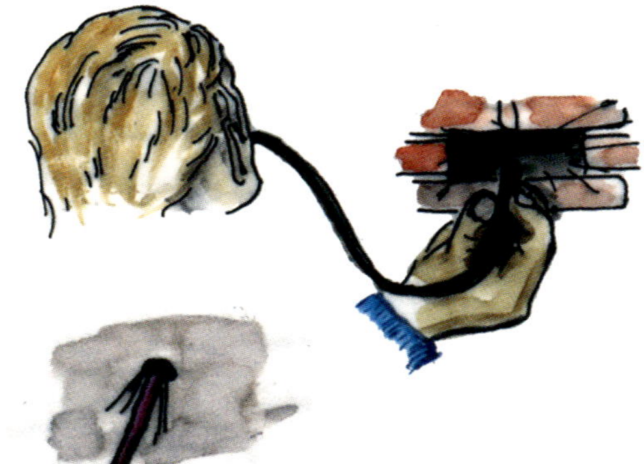

Dépoussiérer complètement l'alvéole. Souvent on souffle, mais pour éviter de recevoir toute la poussière dans les yeux, ce qui, pour beaucoup est très désagréable, il suffit de le faire avec un tuyau que l'on coude pour ne pas être face à la bouche du trou ; ce truc doit même être utilisé avant de placer une cheville dans un trou pour qu'elle adhère mieux (pour ces dimensions on se sert d'une paille coudée).

Avant de garnir le trou de mortier, mouiller généreusement. Enduire les quatre côtés de l'élément et l'insérer dans le trou en frappant avec un maillet en caoutchouc pour faire refluer l'excédent de mortier puis lisser le joint.

Le mur a subi un accident

Une manœuvre malheureuse de voiture a non seulement endommagé le parechoc mais aussi défoncé une partie du mur. Laissons au carrossier la voiture... Pour le mur il va falloir déterminer l'étendue des dégats et donc le type d'intervention, du simple rebouchage d'enduit, à la réfection d'un pan entier pour un mur qui n'est plus vertical (dans ce cas le travail correspond à une construction neuve). Si le mur a une déformation, les petites fissures ne sont pas graves, par contre des fissures qui traversent de haut en bas ou longitudinalement le mur peuvent signaler que les éléments ne sont plus solidarisés par le mortier et que la structure a été atteinte. Il est donc indispensable de consolider le mur tout autour de la déformation et reprendre les fissures importantes.

Prenons un accident moyen (pas pour le parechoc qui lui est condamné !) : des pierres ont été déplacées ; on va devoir reconstruire. Mais pour cela, retirer d'abord tout ce qui a bougé, sans écrouler le reste. La première étape, avant d'entreprendre tout travail, c'est d'étayer. Percer le mur au dessus de la déformation, en ôtant quelques pierres déplacées ; c'est un moment délicat, travailler doucement sans ébranler le mur. Placer une traverse (bois ou métal) qui dépasse de chaque côté et l'étayer en se réservant de la place pour le travail ultérieur. Si la partie endommagée est large, refaire cette opération autant de fois qu'il est nécessaire.

L'endroit ayant été sécurisé, dégager toutes les pierres à resceller et les débris de mortier ; si l'assemblage des pierres est très précis, il est intéressant de pouvoir le reproduire et donc de disposer les pierres en attente telles qu'elles seront replacées.

Reconstruire la partie détruite ; bien remplir l'espace de chaque côté de la ou des traverse d'étayage et attendre la prise complète du mortier pour les retirer puis boucher les trous.

On peut utiliser cette technique pour créer une ouverture dans un mur : on perce au dessus du niveau du futur linteau pour placer les traverses ; on enlève la partie de mur correspondant à ce linteau (le prévoir de la largeur de l'ouverture augmentée de la largeur des deux furturs piliers et de 10 à 20 cm de chaque côté pour l'appui). Après avoir coffré et féraillé, on coule le béton. Quand celui-ci est pris, on reconstruit le mur au dessus comme nous l'avons vu pour la réparation. Il reste ensuite à percer complètement l'ouverture et construire les deux piliers jusque sous le linteau.

Les fissures : lorsqu'elles sont étroites, un peu de mortier suffit. Lorsqu'elles sont plus importantes, pour les boucher, on peut être amené à faire le même travail que précédemment en scellant de nouveau plusieurs pierres. Observer dans le temps l'évolution de ces fissures : il ne sert à rien de reboucher si ce sont les fondations qui s'effondrent. Pour cela on place des repères, « des mouchards », en faisant des ponts étroits de ciment (ou de plâtre) ; si ces ponts fragiles se fendent, on peut mesurer l'évolution de la fissure et donc voir quel type de travaux entreprendre.

LES CLOTURES

Les exemples traités ici sont pris parmi une grande variété de modèles possibles :

- Clôture grillagée sur poteau métallique (qui sera doublée par la suite d'une haie végétale)
- Clôture avec barrière de bois sur muret
- Clôture en panneaux coupe-vent préfabriqués

Pour ces trois types de clôture, la première phase de préparation est identique : il faut tracer l'emprise ; attention de bien respecter les limites de propriété, la clôture doit être sur la limite. En cas de mitoyenneté avec une autre propriété, il vaut mieux consulter le voisin ; en effet c'est un sujet classique de mésentente (le mot est faible pour des cas qui se terminent devant les tribunaux).

Clôture grillagée

D'après le tracé, mesurer la longueur de chaque côté pour déterminer les quantités à acheter. Les intervalles (encore eux !) entre les poteaux ne doivent pas excéder trois mètres. Il est plus esthétique que tous les intervalles d'un même côté soient égaux ; ils sont calculés en divisant chaque longueur par trois (distance maximum) ; ensuite, si le calcul ne donne pas un nombre entier, en ajouter un pour trouver alors l'écartement exact entre les poteaux.
Les poteaux d'angle ou d'extrémité sont équipés de jambes de force ; de même pour de grandes longueurs il est conseillé de renforcer quelques poteaux intermédiaires (au dessus de 20 m).
Pour limiter la corrosion et l'entretien il vaut mieux acheter tous les matériaux plastifiés sauf si l'on veut une teinte particulière.

Scellement des poteaux

Ils peuvent être simplement enfoncés dans le sol. Pour une meilleure solidité il est préférable de les sceller au mortier avec des pierres ou directement avec du béton.

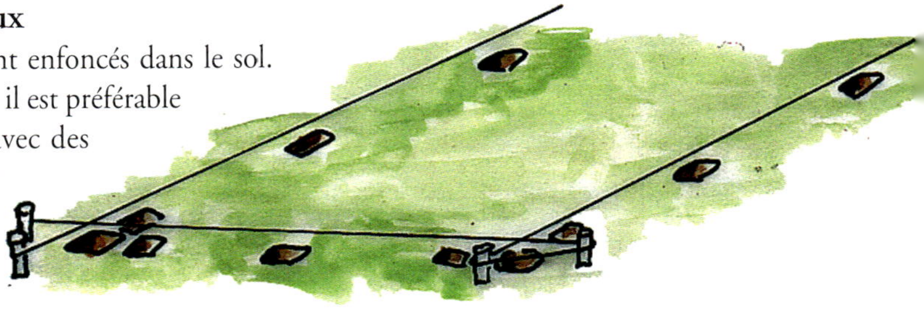

Le cordeau représentant l'extérieur de la future clôture, marquer l'emplacement de chaque poteau et si besoin de sa ou ses jambes de force.

Creuser un trou à chaque marque d'environ 30 X30 cm et d'une profondeur de 50 cm. Un trou légèrement évasé vers le bas en forme pyramidale améliore la solidité.

Placer les poteaux d'angle et d'extrémité en portant un grand soin pour qu'ils soient verticaux et que leur hauteur au dessus du sol soit rigoureusement la même. Ils peuvent être calés avec des grosses pierres au fond du trou puis ensuite scellés.

Quand le ciment est pris, tendre deux cordeaux entre les piquets d'angle : l'un au niveau du trou le plus bas, l'autre au niveau du plus haut. Ces cordeaux servent de guide pour fixer les poteaux intermédiaires à la bonne hauteur et à aligner correctement leur pied et leur tête. Il reste à vérifier la bonne verticalité de chacun.

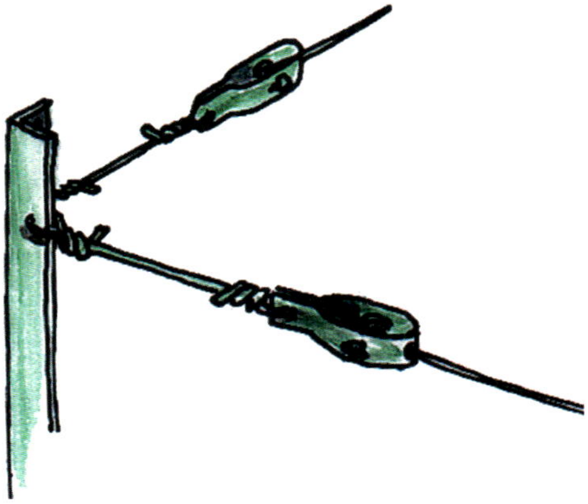

Mise en place des fils de fer

qui supportent le grillage. Leur emplacement est prévu sur les poteaux. Si vous fabriquez le poteaux à partir de cornière, prévoyez de percer environ tous les 40 cm avec un fil à quelques cm du sol et le fil supérieur à 5 cm du haut.

Placer sur chaque longueur de fil près poteau d'angle ou d'extrémité un tendeur. Tendre les fils ; attention de ne pas exagérer cette tension au risque d'endommager les poteaux.

Mise en place du grillage

Les grillages de clôture sont maintenant tous à simple torsion. Pour commencer à attacher il faut passer une barre de fer dans le premier fil (un fer à béton peint convient parfaitement). Cette barre est attachée au poteau par des liens en fil de fer tous les 15 à 20 cm.

L'opération suivante, la tension du grillage, doit être exécutée correctement pour obtenir un bel aspect final. En plaçant une barre dans une hauteur de mailles, tirer horizontalement et puissamment ; cela peut se faire avec un treuil. À défaut on peut improviser un mouflage avec des cordes même si l'on n'a pas de poulies. Quand la tension est bonne, on place une barre verticale dans la maille la plus proche du poteau et on attache le tout comme au départ.

Le grillage est ensuite attaché aux fils et aux poteaux par des liens. Si la longueur de clôture est importante, l'achat (ou la location) d'une pince à agrafes est vite amorti.

Clôture sur muret

On suppose que le muret existe ; s'il faut le construire, se reporter au chapitre concernant les murs, en prenant la précaution, au moment de la construction, de prévoir des réservations pour le scellement des poteaux intermédiaires (blocs de polystyrène que l'on ôte quand le ciment est pris).

Les matériaux du commerce sont le plastique, le bois ou le fer. Ils constituent des panneaux remplissant les espaces entre des poteaux qui sont généralement de même matériau. Seuls les piliers d'arrêt et particulièrement ceux qui soutiennent le portail sont de nature différente.

Les poteaux en plastique et en fer sont scellés alors que ceux en bois, pour éviter le pourrissement à leur base, sont fixés sur des pattes elles-mêmes scellées.

Les barres horizontales reliant les poteaux sont assemblées par vissage ou soudées (fer), ou par emboîtement (plastique et bois). Elles sont scellées dans les piliers d'extrémité.

Assemblage et scellement des poteaux

Il va falloir déterminer l'emplacement exact des scellements, creuser les trous, puis assembler toute la longueur entre deux piliers et la caler avant de passer au scellement.

Comme pour le cas précédents, après avoir effectué (et vérifié !) les calculs, tracer l'emplacement des poteaux et percer des trous, si possible légèrement évasés vers l'intérieur du muret ou des piliers. Bien dépoussiérer et humidifier ces trous.

Assembler les différents éléments en place, les poteaux étant dans les trous et les traverses dans leur logement. Si le dessus du muret est en bon état et plan, il suffit de caler à espace régulier ; si ce n'est pas le cas,

tracer sur les piliers des repères pour l'horizontale (au niveau à eau) et tendre un cordeau qui sert de référence pour caler au fur et à mesure les éléments.
Pour fixer solidement l'ensemble pendant le scellement contreventer des deux côtés par des ficelles attachées à un pieu ; la ficelle passée en double sert à faire le dernier réglage de verticalité (par torsion grace à une clé, petit morceau de bois).
Quand tout a été bien rigidifié, sceller les poteaux et les traverses au mortier.

Clôture avec des panneaux (grillage rigide ou panneau préfabriqué en bois)

D'un usage de plus en plus fréquent, ils sont cités ici plus en exemple que décrits de manière détaillée car ce type de construction ressemble au cas précédent : il faut sceller des poteaux à distance très précise ; les panneaux de grillage sont fixés dessus alors que les panneaux préfabriqués s'encastrent dans une rainure ou une feuillure.
On peut apporter des aménagements tels que fondation continue en béton ou soubassement maçonné.
Pour des terrains en pente, les poteaux sont toujours placés verticalement. Les panneaux sont décalés en hauteur en gardant leur bord supérieur horizontal. C'est au sol qu'il faut adapter la base des panneaux en maçonnant des murets.

LA CONSTRUCTION D'UN PORTAIL

Portail constitué de deux vantaux, d'une hauteur de 2 m, d'une largeur de 3 m.
Le cadre est en tube carré de 3 cm, les barreaux en fer carré de 1,5 cm. Les panneaux sont en tôle de 2 mm, les décors en fer plat de 3 X 15 mm. Il faut en outre quelques chutes de fer plat de 10 ou 15 mm et de la tige filetée de 12 mm, écrous et rondelles.
Cette construction peut paraître, pour un bricoleur peu expérimenté en soudure, un travail trop difficile à réaliser. Avec de l'application et un effort de méthode et de soin, le résultat final doit ressembler au dessin ci-dessous. L'avantage de ce type de travail, c'est que l'on peut dans la plupart des cas rattraper une erreur… si l'on a assez de patience et si l'on accepte de démonter ce qui vient d'être fait !

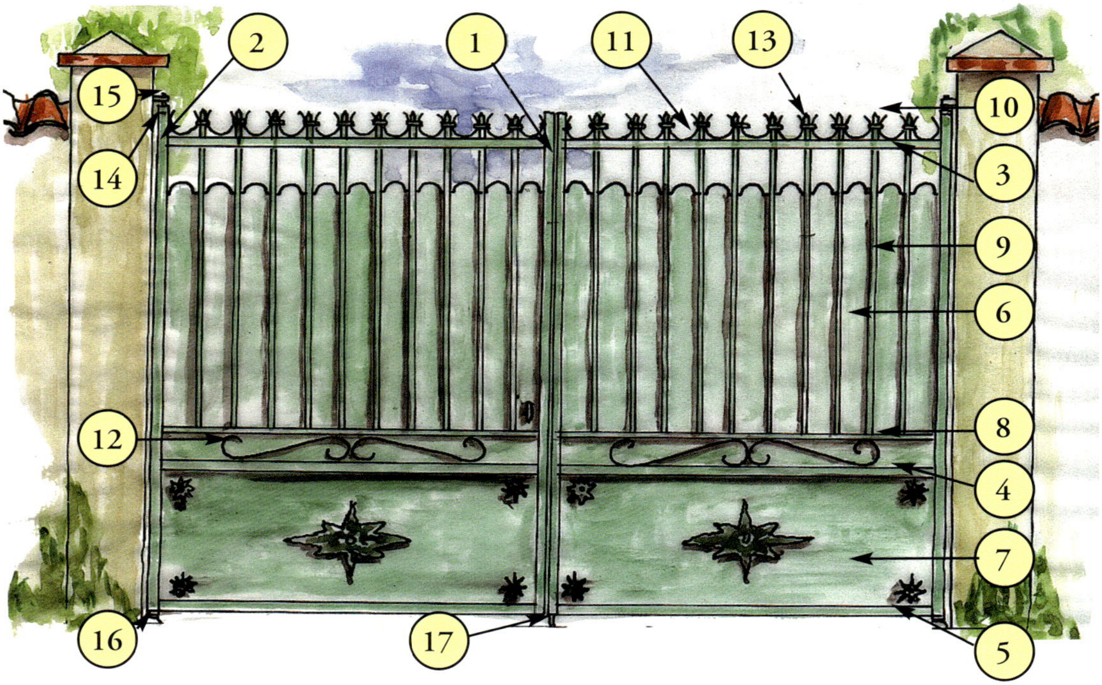

L'équipement minimum : est un bon poste à souder à l'arc, une scie à métaux, quelques lames et une bonne lime. Il vaut mieux, pour éviter un travail long et fastidieux de débit et de préparation, se procurer une disqueuse équipée de disques à tronçonner et d'une meule. Il faut aussi quelques serre-joints et pinces-étau. Il est décrit la fabrication d'un appareil rudimentaire mais efficace pour cintrer le fer plat pour les décors.
Comme toutes les fabrications ou constructions décrites, les dimensions doivent être adaptées. En particulier, si les piliers existent, la largeur des vantaux doit laisser 1 à 2 cm de chaque côté et 1 cm au milieu. D'autre part, selon la topographie et l'utilisation, les deux vantaux ne sont pas obligatoirement symétriques… Attention, dans ce cas aux décors. Avant les scellements, même si les travaux ne sont pas réalisés simultanément, prévoir l'installation d'un portier (audio ou vidéo), d'une gâche électrique et la motorisation : amener dans une tranchée, jusqu'aux piliers, une gaine pourvue d'une aiguille ou déjà câblée (ce qui n'empêche pas de laisser une aiguille).

Les débits

		Réf	Section	Nombre	Longueur cm	Largeur cm
Montants	Milieu	1	Tube carré 30 x 30 cm	4	200	
	Pivot	2				
Traverses	Supérieure	3		6	143	
	Intermédiaire	4				
	Inférieure	5				
Panneaux	Haut	6	Tôle 2 mm	2	141	120
	Bas	7		2	141	52
Barreaux	Traverse	8	Carré 15 x 15 mm	2	143	
	Grands	9		20	114	
	Pointes	10		20	10	
Décors	Cercles	11	Fer plat 3 x 15 mm	22	25	
	Volutes	12		4	80	
	Agrafes	13		22	7	
Pivot	Sur montants	14	Fer plat 10 mm	4	3	3
	Scellement haut	15		2	15	4
	Scellement bas	16		2	5	5
Verrou		17	Rond 15 mm tube 15 x 21 mm	1 2	60 10	

Les montants

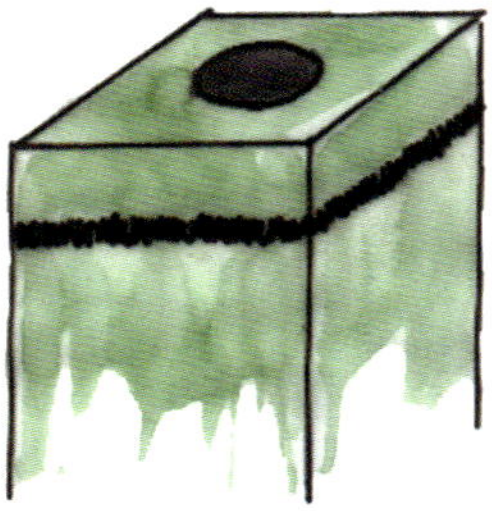

Les extrémités des deux montants du milieu (1) doivent être fermés en pliant puis en soudant un côté du tube.
Aux deux extrémités de deux montants-pivot (2), il faut souder un fer plat de 10 mm d'épaisseur et percé au centre d'un trou de 13 mm.

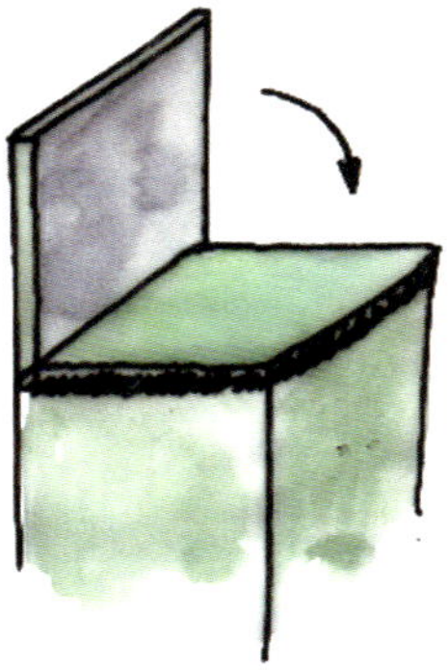

Le cadre

Le premier vantail est assemblé au sol. Pour cela il faut une surface bien dégagée et plane ; dans le cas contraire il faut mettre en place des cales en utilisant la même technique que pour l'installation de guide lors de la réalisation d'une chape de mortier.
Si les vantaux sont symétriques, le second vantail est construit sur le premier qui sert de modèle et de plan de travail.
L'avantage de travailler au sol (même si le dos et les lombaires manifestent leur désaccord) est de pouvoir tracer précisément les assemblages et particulièrement les angles droits avec un soin extrême. Lorsque la mise en place des pièces a été vérifiée à blanc,

on réalise toutes les soudures sur une face. Après avoir retourné l'ensemble on fait de même sur l'autre face. Enfin, en plaçant le vantail verticalement, on fait les soudures situées à l'intérieur ; il faut encore le retourner pour travailler par au-dessus et éviter de souder vers le haut.

Les barreaux

Il est plus esthétique que les barreaux soient soudés sur l'axe des traverses.
Il faut donc raboter deux tasseaux de 1,40 m de longueur et de 7,5 mm d'épaisseur sur lesquels on appuie les barreaux pendant leur assemblage.

Soudage de la traverse : 10 cm au dessus de la traverse intermédiaire.
Soudage des barreaux : Tracer leur emplacement sur la traverse supérieure et l'intermédiaire qui vient d'être soudée ; attention aux problèmes d'intervalles… entre-axes : 13 cm (les espaces le long des montants seront très légèrement plus grands mais ce ne sera pas perceptible).
Mettre en place les barreaux ; ceux-ci doivent affleurer sans toucher les traverses (si nécessaire, les limer car au moment du soudage la dilatation risque de déformer tout l'ensemble).

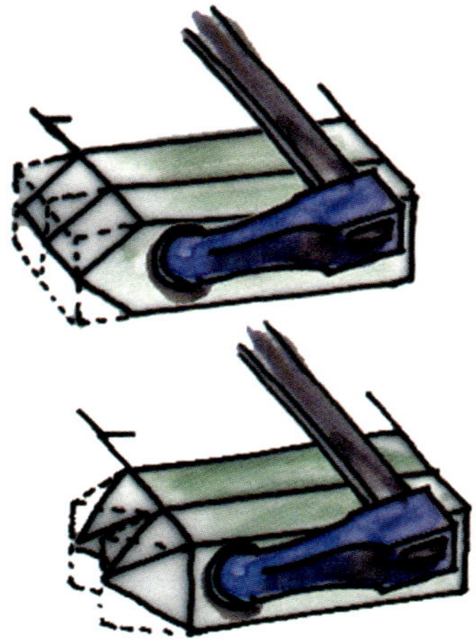

Comme pour les soudures du cadre, on réalise celles d'une face puis on retourne l'ensemble pour faire l'autre côté.
Les hauts de barreaux qui seront soudés au-dessus de la traverse, sont meulés en pointe. Avec une meuleuse on peut travailler en série en bloquant les vingt morceaux de fer carré pour chanfreiner une des faces à 45° et ainsi de suite sur les trois autres faces en tournant à chaque fois d'un quart de tour (retirer le serre-joints pour les tourner).
Ils sont calés de la même façon que les grands. Après avoir pointé (un point de soudure), bien vérifier leur parfait alignement, et le rectifier si nécessaire, pour donner l'illusion qu'il ne forment qu'un seul barreau avec celui qui est sous la traverse.

Les panneaux hauts

Vérifier que la tôle est aux bonnes dimensions ; elle doit laisser un jour de 5 mm le long des montants et de la traverse intermédiaire. Si nécessaire rectifier.
Pour tracer la découpe des demi-cercles, caler la tôle sous les barreaux pour marquer leur empreinte. Après avoir dégagé la tôle, tracer une ligne à 5 cm du bord supérieur puis pointer le centre de chaque demi-cercle au milieu de l'espace entre deux barreaux.
Le sciage demande de la patience. L'utilisation d'une scie sauteuse équipée de bonnes lames est recommandée. Le découpage à la disqueuse est plus aléatoire ; il vaut mieux lui réserver l'ébarbage.

Pour fixer ces panneaux, trois solutions :
- faire des cavaliers de 15 mm de largeur dans des chutes de tôle et de les riveter (rivets aveugles),
- fixer ces plaques par vissage : perçage en place puis taraudage des barreaux,
- enfin, avec beaucoup de précautions et en ayant fait des essais sur des chutes pour régler l'intensité, on peut les souder sur les barreaux par points.

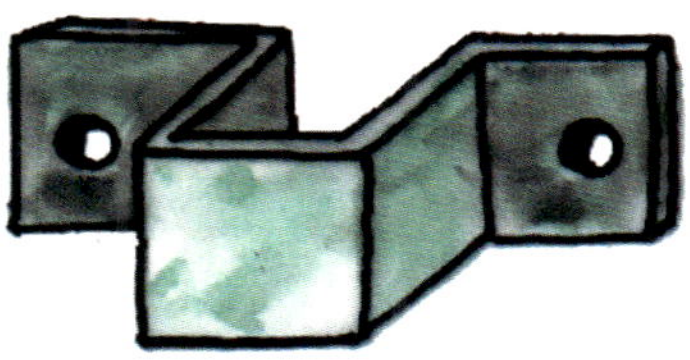

Les panneaux bas

Après une vérification des bonnes dimensions (jour régulier de 10 mm entre la tôle et le cadre formé par les montants et les traverses intermédiaire et inférieure) souder des pattes de tôles de 10 X 30 mm sur la tôle. Comme pour souder les barreaux, le vantail étant couché au sol, caler cette tôle sur des tasseaux de 15 mm d'épaisseur puis souder les pattes sur les montants et les traverses.

Les décors

Les cercles

Pour pouvoir faire en série les 22 cercles on peut réaliser rapidement une cintreuse ; il faut une planche assez épaisse (1) pour ne pas se déformer, un disque en bois dur de 9 cm de diamètre (2) et sur un axe servant de manivelle (3) un boulon (4) bien fixé. Les morceaux de fer plat sont maintenus en place par la cale (5) et sont cintrés en actionnant la manivelle jusqu'à un repère (marqué après essais).Les cercles ouverts sont ensuite ajustés pour s'adapter et s'appuyer sur la traverse supérieure et deux barreaux. Ils sont soudés en ces trois points de contact.

Les agrafes

Ces pièces n'ont, comme les cercles, qu'un rôle esthétique, mais assurent la petite touche finale. Là encore il faut s'organiser pour travailler en série ; il suffit, de réaliser une cale (A) en soudant une chute de barreau et deux chutes de fer plat de 3 mm. A l'étau, faire les deux plis de devant (1) et (2) et amorcer les deux que l'on referme définitivement quand on a mis l'agrafe en place autour des barreaux et des cercles (3).
Il n'est pas nécessaire de souder cet anneau.

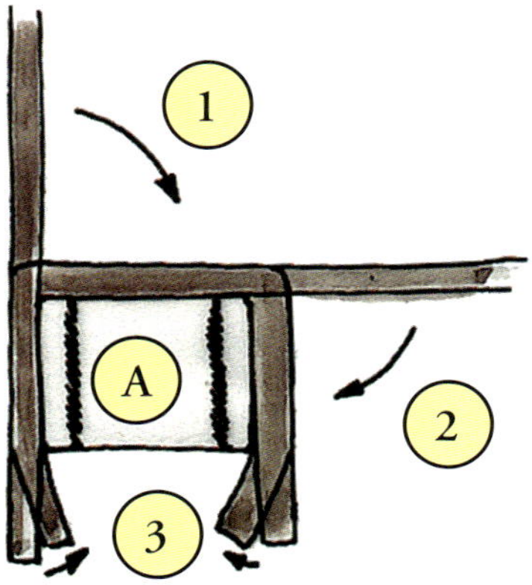

Les volutes du bandeau intermédiaire

Faire un tracé sur un papier ou un carton. Avec la cintreuse rudimentaire utilisée précédemment, former le fer plat de 1,5 cm de largeur. Chacune est fixée à la pince-étau, puis soudée aux points de contact avec le cadre.

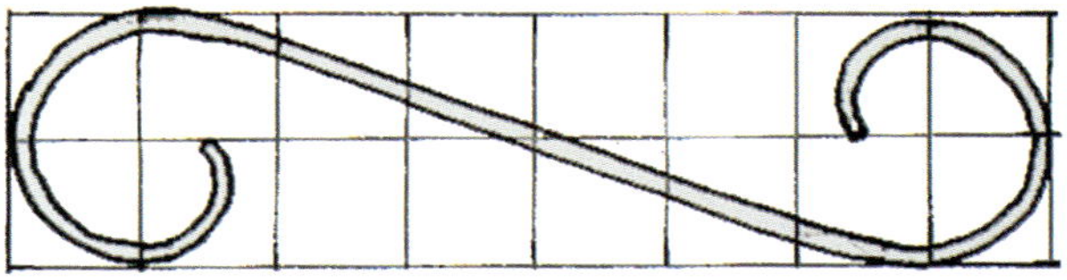

Décor du panneau bas

Dans le commerce il existe des motifs en fonte à visser. Généralement on place une petite rosace dans chaque angle et un décor plus grand au centre.

Le verrou

Il sert à immobiliser un des deux vantaux. Il est réalisé en fer rond de 15 mm qui coulisse dans un tube de diamètre intérieur équivalent.

Lorsque les deux ventaux sont fermés, il ne doit pas pouvoir être manœuvré. Le blocage se fait par une patte solidaire de la tige verticale, qui vient en butée contre un renflement (carré de fer) soudé entre les deux montants intérieurs ; les montants empêchent que le verrou tourne et le renflement empêche de le soulever.

Les pivots

Les extrémités de chaque montant extérieur ont été obturées par des carrés de 10 mm d'épaisseur soudés et percés au centre d'un trou de 13 mm.

Les gonds sont constitués d'un axe (tige filetée de 12 mm) fixé sur une plaque de 10 mm d'épaisseur.

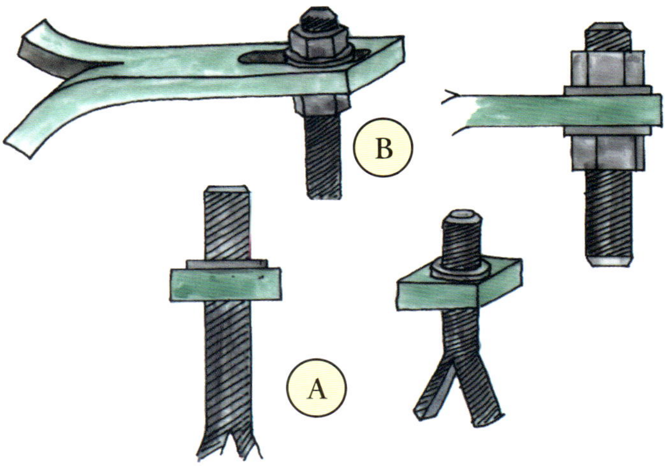

Ceux du bas (A) sont fixes et scellés au sol. Pour permettre de régler le calage du portail, les plaques des pivots hauts (B) sont percées de trous allongés et sont scellées dans les piliers.

L'ouverture et la fermeture des vantaux ne risque pas de provoquer d'échauffement… L'usure sera diminuée par un graissage régulier des pivots et par des rondelles dites « d'usure » qu'il faudra remplacer tous les… 20 ou 30 ans (peut-être plus !).

Sur d'autres types de piliers il faut adapter le pivot fixe. Il existe dans le commerce des cerclages pour poteau béton ou bois. Dans un poteau bois de bonne section on peut boulonner le pivot. Enfin, sur un poteau métallique ces pivots seront soudés.

La serrure

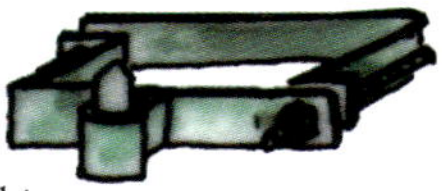

Choisir une serrure qui possède des guides de clé et d'axe de poignée de bonne longueur.
Elle est placée dans l'angle entre la traverse intermédiaire et le montant du milieu du côté de l'intérieur de la propriété. Elle est fixée sur une plaque (de dimensions adaptées à celle de la serrure et récupérée dans une chute de tôle). Elle est soit soudée, soit vissée. Dans ce cas, deux vis au moins doivent être placées pour n'être démontables que lorsque le portail est ouvert (côté du montant qui fait face à l'autre vantail).

Mise en place du portail

Avant toute chose la première précaution est de prévoir une autre issue et sortir la voiture car il faut attendre le durcissement complet des scellements avant de manœuvrer le portail ; celui-ci est calé et fixé pendant toute la pose.
Faire les trous des scellements pour les pivots hauts et bas (un trou évasé vers l'intérieur est toujours préférable). Pour les pivots bas, si le seuil entre les deux piliers n'a pas été cimenté, deux solutions : ou le couler monobloc, c'est la meilleure solution, ou bien faire des scellements indépendants (il en faudra un supplémentaire pour le verrou au milieu).

Solidariser les deux vantaux

Les deux vantaux sont assemblés au sol : ils doivent être bien alignés et former un plan parfait. Vérifier que les montants extérieurs et du milieu sont en contact lorsqu'on pose une règle au niveau des pivots hauts puis bas. On doit aussi vérifier que ces montants sont parallèles et dans le même plan par visée en plaçant les yeux au niveau de ce plan. Quand ils ont été solidarisés on peut les redresser (sans oublier de mettre en place les pivots bas en les maintenant avec un fil de fer) et commencer le calage.
La première méthode, la forte, consiste, à les souder par des fers plats en interposant entre eux des entretoises de 5 mm. Quand le scellement est terminé, il suffit de meuler les soudures pour enlever les plaques provisoires et faire disparaître toute trace. La seconde, plus douce mais un peu plus longue,

est de fixer des règles (bois ou métal) sur les traverses hautes et basses avec des entretoises comme ci-dessus. Les serre-joints du bas doivent être au plus près des traverses pour ne pas gêner le calage par la suite.

Calage

Les traverses doivent être horizontales et les montants verticaux. Même s'il est possible de faire des ajustements après la prise des scellements, apporter le plus grand soin à cette phase.
Le portail est posé sur des cales et bloqué de chaque côté contre les piliers.
Les cales sont formées par deux coins qui permettent de modifier leur épaisseur.

Quand il est bien en place, par sécurité, le contreventer à l'aide de cordes ou fils de fer comme il est décrit pour la pose d'une barrière dans le chapitre sur les clôtures. On peut aussi, si c'est possible, fixer des morceaux de chevrons sur les piliers, de part et d'autre des montants (le portail est alors coincé dans des sortes de rainures).

Scellement

Le portail étant calé et ne pouvant pas bouger, mettre en place les pivots supérieurs en laissant un jeu de 3 mm entre l'écrou et le montant.
Humecter les trous abondamment et sceller en « serrant », c'est à dire en tassant bien le mortier dans le trou et tout autour de la patte du pivot.

De même pour les pivots inférieurs, remplir le trou de scellement en veillant à bien laisser la platine (plaque dans laquelle passe l'axe) horizontale en la mettant en contact avec le montant du portail.
Si l'on est pressé d'utiliser le passage, il vaut mieux démonter le portail : sans enlever les cales, dévisser les axes supérieurs, le pencher de 1 ou 2 cm pour le soulever et le dégager des axes inférieurs ; il est indispensable d'être plusieurs pour ces opérations car il faut éviter d'ébranler les fixations. Le plus sûr est évidemment d'attendre une semaine, même si l'on a utilisé du ciment à prise rapide.

LES ALLÉES ET LES ESCALIERS

LES ESCALIERS

S'il n'y en a pas, faites-un ! Sur un terrain, placer un escalier justifie les travaux de terrassement pour créer des dénivellations ! Outre son rôle de relier deux niveaux, il est un décor et, avec son complément, le muret, il améliore l'environnement et met en valeur aussi bien des plantations que des pots de fleurs ou des objets…

Le choix du type de tracé dépend de la hauteur entre les deux niveaux, de la longueur disponible, des aménagements existants mais aussi de l'utilisation prévue : pour créer un « coin » ou pour la promenade il sera sinueux, avec un palier pour un banc, de largeur irrégulière, très étroit par endroits, évasé à d'autres… Pour un rôle essentiellement utilitaire de communication, il sera direct, large si l'on doit s'y croiser ou porter des charges. Quelle que soit sa fonction il devra apporter une amélioration esthétique.

À l'intérieur des maisons les valeurs moyennes pour des escaliers « faciles », les marches ont de 17 à 17,5 cm de hauteur et une trentaine de cm de largeur. Si l'on augmente trop la hauteur, il devient fatigant à la montée et dangereux à la descente ; si l'on augmente le giron (largeur de marche) il oblige à allonger la foulée et peut devenir lui aussi fatigant à la montée. A l'extérieur, sauf exception, il y a moins de contraintes d'espace. Les marches peuvent être moins hautes et un peu plus larges pour une pose de pied sur chacune d'elles ou beaucoup plus larges pour plusieurs appuis ou bien la combinaison de volées de peu de marches alternées avec des paliers horizontaux, ou même en légère pente, plus ou moins longs (sentier avec marches).

Les matériaux utilisés, comme pour les murets, peuvent être divers. Ils doivent mettre en valeur l'escalier tout en l'intégrant dans les aménagements voisins. L'emmarchement doit être dur, résistant aux intempéries et non glissant : pierre, brique, béton, dalles, bois traité mais il peut aussi être constitué de graviers retenus par un nez de marche. Comme pour les murs, les contre-marches peuvent être faites d'assemblage de matériaux. Pour des escaliers pentus, il vaut mieux opter pour une construction « en dur » : soubassement béton et construction avec des éléments liés au mortier. Pour des escaliers peu pentus pour lesquels les contraintes mécaniques sont moindres, les contre-marches peuvent être réalisées plus sommairement, par exemple avec des rondins retenus par des pieux.

Le plan et le traçage

Mesurer précisément la hauteur entre les deux niveaux et la longueur disponible pour la construction. Le nombre de marches s'obtient en divisant cette hauteur par la valeur moyenne de 17 cm ; ce nombre, sauf si l'on a beaucoup de chance, a souvent des décimales. Il faut décider alors si l'on augmente légèrement la hauteur de chaque marche ou si l'on ajoute une. Souvent les escaliers ont la marche du bas moins haute - de 2 à 3 cm - que les autres, cela permet ainsi de s'adapter. Pour la largeur de chaque marche, ou giron, attention il y a un piège !

Problème : soit une longueur au sol disponible de 120 cm et un dénivelé de 85 cm ; chaque contremarche mesure 17 cm. Quelle sera la largeur de chaque marche ?

Réponse : c'est très simple :

le nombre de marches est de 85 : 17 = 5

la largeur de chacune d'entre elles est de 120 : 5 = 24 cm

C'EST FAUX !

Souvenez-vous des leçons de calcul sur les intervalles :

Démonstration par le dessin

S'il y a 5 contremarches, il n'y a que 4 marches à construire. Le niveau supérieur constitue lui-même une marche.
La bonne réponse est donc :
la largeur de chaque marche est donc de 120 : 4 = 30 cm

Pour bien vérifier l'exactitude des calculs effectués et des plans il vaut mieux faire un traçage et peut-être une simulation avec les matériaux disponibles (cordeaux, planches, briques, plâtre…). Si l'escalier prévu est simple (rectiligne avec un petit nombre de marches ou sans contraintes particulières) le traçage peut se faire directement sur le sol avec des cordeaux et du plâtre.

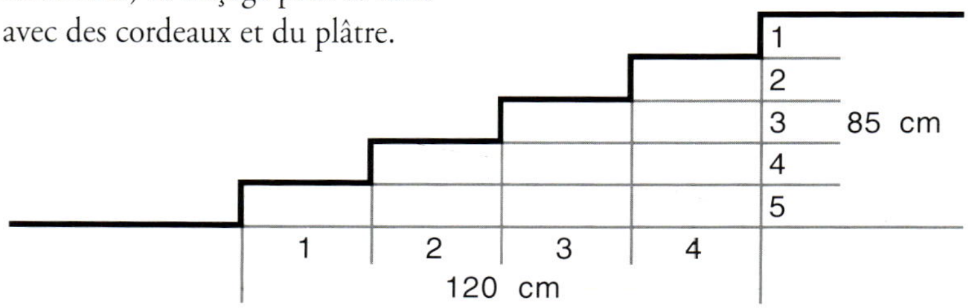

Si l'escalier prévu n'admet pas d'approximations (enserré entre deux bâtiments ou avec un angle…) avant d'attaquer les travaux de terrassement, il est préférable de réaliser une simulation qui peut se faire ailleurs, dans un garage par exemple, par projection sur un sol horizontal et un mur vertical. Si possible on trace à l'échelle - c'est à dire en « grandeur nature » - sur le sol, les marches vues de dessus, sur le mur elles seront en coupe.

Cette visualisation, en plus de la vérification des plans, facilite le report des mesures sur le terrain.
Pour le cas où il est prévu d'intégrer dans une allée des marches distantes les unes des autres, il suffira de prendre dans ce chapitre la façon de construire une contremarche et de combler vers le haut avec les mêmes matériaux que ceux de l'allée.

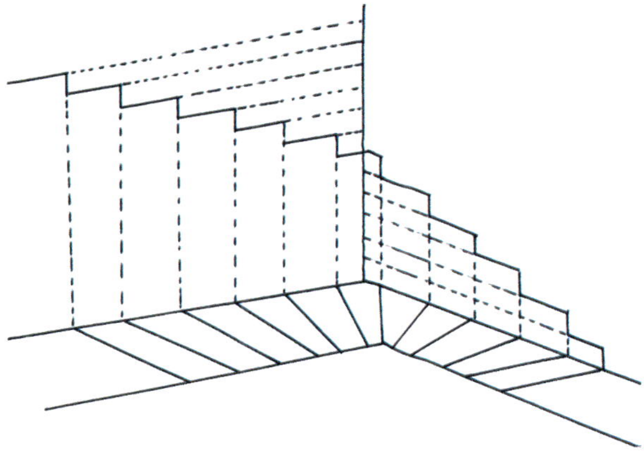

Le Terrassement

Quelque soit le type d'escalier, le sol devra être tassé très soigneusement (arrosé abondamment et damé).
Comme à chaque travail de terrassement il faut prévoir le passage de gaines : eau du réseau et arrosage, électricité et télécommandes, téléphone…, même si l'on en voit pas l'utilité immédiate.

Sur une pente faible : un escalier en rondins

Si possible utiliser des bois résistant au pourrissement tels que de l'acacia ou du châtaignier. Dans tous les cas il faudra les traiter avec des produits hydrofuges et fongicides. Bannir de la panoplie des traitements certaines vieilles recettes comme l'utilisation de la vieille huile de vidange qui certes est efficace mais pollue pour longtemps le sol ; le brûlage de la partie enterrée des poteaux peut se faire.

Le terrassement permet de faire une pente moyenne entre les niveaux haut et bas. En cas d'une implantation sur un terrain fraîchement remué et constitué de remblai récent, damer sérieusement le sol, et évaluer la résistance de ce sol ; dans le doute, envisager un renfort par un béton maigre.
Comme il est expliqué plus haut, mesurer la distance entre ces deux niveaux pour calculer le nombre de marches qu'il faudra implanter.

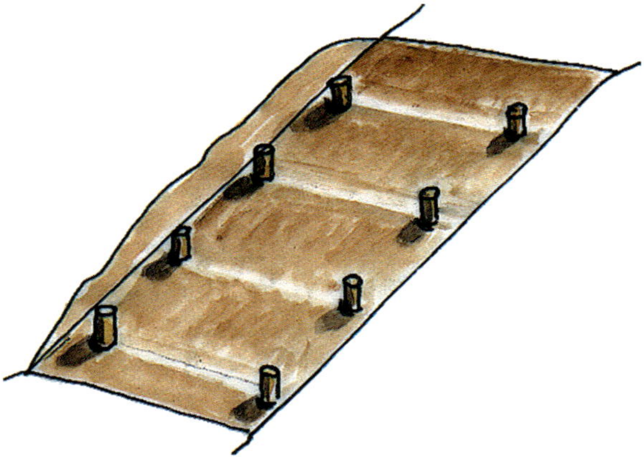

Ce type d'escalier permet des variations de hauteur, cependant il vaut mieux avoir des marches d'une hauteur régulière pour plus de confort et de sécurité. Le nombre de marches est lié au diamètre des rondins. Si les rondins sont de petit diamètre, en empiler deux l'un sur l'autre à chaque contremarche et, dans le cas contraire, enterrer légèrement ceux qui sont trop gros.
Tracer au plâtre le nez de chaque marche, le trait supérieur représentant le niveau à atteindre. Cela permet de bien vérifier l'espacement régulier des marches.
Planter de chaque côté de ces marques des piquets.

Placer et caler les rondins et vérifier l'horizontalité.
Couper en biais les pieux pour qu'ils ne dépassent pas des rondins et éviter de se tordre les chevilles en marchant sur les côté des marches.
Remblayer au dessus de chaque contremarche en tassant vigoureusement les matériaux (tout-venant puis couche de surface).

Un escalier en pierres

Les contremarches sont en pierre ou en brique. Terrassement : Pour un sol peu résistant il est préférable de creuser une pente régulière sur laquelle on coule un radier de béton ferraillé puis on bâtit l'escalier proprement dit (ces deux opérations peuvent se faire simultanément).

Si le sol est résistant on peut faire une ébauche de l'escalier avec des marches sur lesquelles on bâtit les pierres de l'escalier.

Après avoir pris les mesures, calculé le nombre et la hauteur des marches comme il est indiqué ci-dessus, placer des cordeaux sur les côtés ainsi que des repères en plâtre pour les nez de marches.
Bâtir la contremarche du bas ; la technique est similaire à celle des murs ; les petites dimensions facilitent le travail. Cependant vérifier la verticale ; on peut s'aider d'un coffrage provisoire sur lequel on appuie légèrement les pierres pendant l'assemblage.
Le revêtement du giron (partie horizontale de la marche) ressemble au pavage expliqué dans le chapitre des allées et sentiers.
Si l'escalier comporte de nombreuses marches, prévoir, pour se déplacer pendant la construction, des appuis à l'extérieur des limons (bords de l'escalier) pour caler des planches ne reposant pas sur les marches « fraîches ».

Si les marches sont encaissées par rapport au côtés il faudra construire des limons pour retenir la terre. Sorte de murets adaptés au profil des marches, ils pourront être traités en même temps ou séparément, avec les même matériaux ou des matériaux complémentaires (eux-mêmes peuvent avoir des parties horizontales servant de support à des pots de fleurs ou ornements).

Un escalier coffré

L'escalier prévu a une partie qui n'est pas appuyée au sol : passage en dessous, utilisation de l'espace pour un rangement…
Première méthode : le volume sous l'escalier n'est pas important (ou pas encore creusé). On réalise la forme du dessous en terre et/ou sable, bien tassée et recouverte d'une feuille de polyane. Après avoir coffré les côtés et ferraillé l'ensemble (voir ci-dessous), on peut couler le béton et construire les marches comme précédemment. Il suffit, lorsque le béton a terminé totalement sa prise, c'est à dire vingt et un jours, de creuser la terre et/ou le sable.
Deuxième méthode, un peu plus classique : le coffrage en bois :
l'escalier est coulé en béton brut puis recouvert d'éléments de parement. L'autre possibilité est de ne construire qu'une dalle inclinée sur laquelle on bâtit les marches.
On réalise un « moule » en bois dans lequel on coule le béton armé. Cette construction provisoire doit être solide ; pour cela, se munir d'une bonne quantité de planches assez épaisses, de clous et d'une bonne scie. Les planches de coffrage qui ont en général 27 mm d'épaisseur sont clouées sur des traverses servant de renfort, elles aussi de 27 mm pour de petites longueurs mais de section plus forte pour des longueurs plus importantes.
Les contremarches qui retiennent le béton en l'empêchant de couler vers le bas sont clouées sur les joues. Il doit rester un espace de 7 à 10 cm entre le bord inférieur des contremarches et le fond du coffage.

Il est pratique de placer le ferraillage avant de clouer les contremarches.

La « poussée » du béton s'exerce vers le bas mais aussi sur les côtés et les renforts doivent être correctement répartis et correctement cloués : l'orientation du clou doit le faire résister au sens de la pression ; on peut, pour faciliter le démontage du coffrage et si les clous sont assez longs, ne pas les enfoncer complètement (pour pouvoir glisser un arrache-clous).

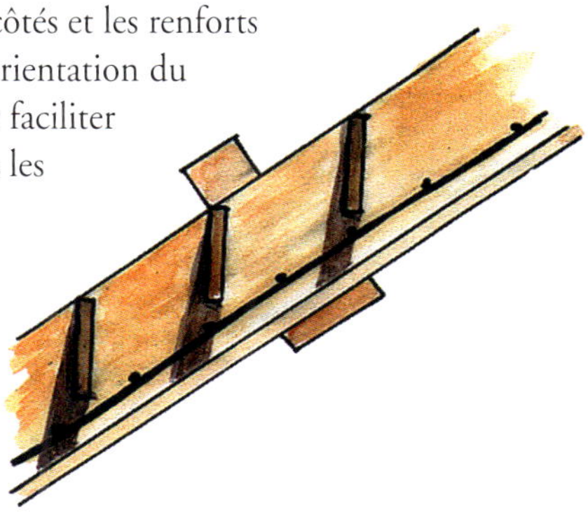

Il faut impérativement attendre trois semaines avant de retirer le coffrage du dessous de l'escalier. Les joues et les contremarches peuvent être ôtées avant à condition de ne pas ébranler l'ensemble.

La finition

L'escalier peut être peint ; dans ce cas choisir des enduits très résistants comme les peintures polyuréthanes et intégrer sur les marches un antidérapant (billes de silice par exemple).
Plus souvent les escaliers extérieurs sont habillés de carrelage ou de pierres. Se reporter au chapitre « Mortier et béton. »
Il peut rester en béton brut et c'est le temps qui apporte sa patine. Il est aussi possible de teinter le mortier de surface.
Pour une finition béton, il faut adoucir l'angle des nez de marches en passant un fer à joint (maintenant ils sont en plastique) appuyé sur la planche de coffrage servant de guide. Cet outil doit être mouillé souvent pour obtenir une surface régulière et lisse.

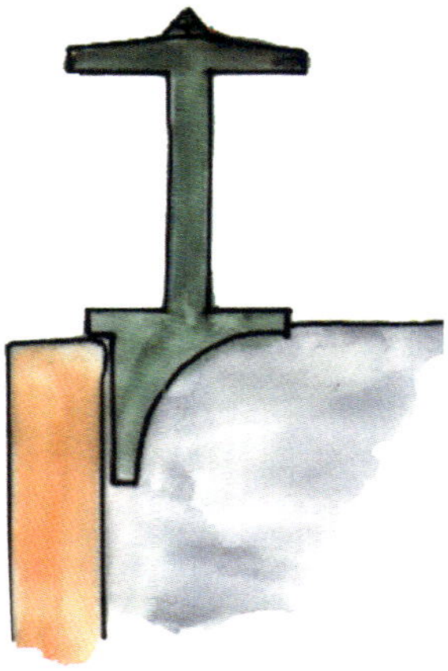

LES ALLÉES

Avec les murs et les escaliers, c'est le troisième élément qui structure le terrain.
Sur le plan, les différents « coins » ou zones ont été définis :

- selon les fonctions : terrasses, aire de stationnement de voitures, jeux d'enfants, piscine, jardin potager, étendage…
- selon l'environnement : coin forêt (même s'il n'y a que quelques arbres), rocher, dénivellation…
- selon l'exposition…

Ces zones n'ont pas toutes une délimitation et un contour précis et il n'est pas nécessaire de prévoir systématiquement de passage particulier de l'un à l'autre. Cependant comme pour les escaliers et les murs, la mise en valeur du site peut être renforcée par le traçage d'un sentier ou d'une allée. Le revêtement, les bordures et les plantations seront un décor. Là encore, le choix des matériaux va laisser au « créateur » la possibilité de s'exprimer ; cela pourra être un simple passage en terre matérialisé par quelques arbustes jusqu'à l'allée pavée bordée de grands arbres ou massifs fleuris.

Le sous-sol

Selon l'utilisation, renforcer l'assise du chemin. Plus les charges seront importantes et le sol instable, plus il faudra des fondations solides.
Pour un sentier piéton, même avec brouette, pas de précautions particulières, seulement un bon damage si des terrassements ont été effectués.
Pour des passages lourds (voitures), des fondations s'impose, au moins pour les bandes de roulement : un bon décapage de la couche superficielle, un hérisson de pierres sèches, puis selon le choix une dalle de béton ou tout-venant compacté.
C'est au moment du creusement qu'on doit penser à intégrer les gaines nécessaires (alimentation en eau et électricité, éclairage, diverses commandes…).

1 - bordure
2 - élément de couverture
3 - sable ou mortier maigre
4 - tout-venant ou dalle béton
5 - hérisson
6 - film géotextile
7 - gaines techniques

Les bordures

Elles doivent délimiter l'allée ou le sentier, retenir la terre des plantations voisines, éviter le ruissellement des eaux de pluie, mais ne pas être des pièges où l'on se tord les chevilles.

Type d'allée	Type de sol	Hérisson	Tout venant	Dalle béton	Mortier maigre	Sable
Passage occasionnel		Non	Non	Non	Selon revêtement 5 cm ou directement au sol	
Sentier piéton	Porteur	Non	Non	Non	Selon revêtement 5 cm	
	Non porteur	Non	Oui 10 cm	Non	Selon revêtement 5 cm	
Allée ou terrasse passage de voitures	Porteur	Non	Oui 10 cm	Non	Au choix 5 cm	
	Non porteur	Oui 20 cm	Non	Oui	Oui	Non

Exemples de réalisations

Allée gravillonnée

Sur un fond stabilisé, étaler une couche de graviers d'environ 2 cm (au delà la marche devient difficile). On peut choisir entre diverses variétés : soit du gravier de carrière fait de pierres concassées qui présente des arêtes vives voire coupantes, soit du gravier de rivière ou petits galets aux arêtes arrondies. Choix aussi par rapport aux couleurs : des porphyres pourpres aux grès roses ou blancs, aux calcaires clairs…

Les intérêts sont le faible coût et un entretien relativement aisé (ratissage et désherbage).

Les inconvénients sont les difficultés pour les poussettes, les chaises roulantes et parfois les vélos et l'éparpillement des graviers ou leur amas à certains endroits. Ils ne conviennent que pour des aires horizontales ou à très faible pente.

Allée dallée (pose sur mortier) pierres naturelles, pierres reconstituées, briques

Après avoir réalisé les fouilles et si nécessaire une couche de stabilisation (voir tableau ci-dessus) :

1- pose des règles (1) pour niveler le mortier (2) d'une épaisseur de 5 cm.
Sur de grandes surfaces ou une allée horizontale, prévoir une légère pente pour l'écoulement des eaux de pluie (de l'ordre de 1 cm au mètre).

2- placer sur le mortier des règles (4) d'une épaisseur légèrement inférieure à l'épaisseur des pierres à poser.

3- saupoudrer assez largement du ciment sec (3) qui servira de colle.

4- assembler les pierres (5) de façon à avoir des joints à peu près réguliers (pas de contacts ni de trop grand éloignement).

5- enfoncer en frappant avec un maillet ou une massette (6) sur une planche pour que toutes les pierres affleurent le dessous de la règle sans la toucher.

6- arroser l'ensemble pour humecter le ciment.

7- réaliser les joints (7) : remplir de mortier bien dosé et lisser à la truelle fine ; nettoyer avec une éponge humide que l'on rince très souvent.

Si, après le séchage, des efflorescences apparaissent, il existe dans le commerce des produits qui permettent de les enlever.

Quelques assemblages possibles

Pour les pierres naturelles ou reconstituées

Opus incertain

Opus romain

Opus incertain
pierres à bord scié

pavés

Pour les carreaux

joints contrariés

damier

damier et bouchons

chevrons

Allée dallée (pose sur sable) pavés naturelles, pavés autobloquants, briques

Pour une pose plane, les phases 1 et 2 sont identiques à celles de la pose sur mortier : étaler le sable de façon très uniforme ; le plus pratique étant de reculer et d'effacer au fur et à mesure toutes les traces de pas. Les surfaces importantes seront divisées en plus petites parcelles.
Ensuite assembler les éléments de couverture de sol en réservant des joints moins larges que pour la pose au mortier, jusqu'à une disposition bord à bord des pavés autobloquants. Ne pas marcher tant que la surface n'a pas été tassée ; pour travailler et se déplacer utiliser des planches reposant sur les éléments déjà installés ; ne pas placer ces planches sur les rangées du bord.
Tasser tout en vérifiant très fréquemment la planéité comme dans le cas précédent : les éléments doivent affleurer le dessous de la règle sans la toucher.
Les joints sont réalisés au sable : l'étaler à refus et balayer dans tous les sens pour le faire pénétrer. Continuer par un arrosage copieux et recommencer l'opération. Enlever les excédents.

Si la surface de pose présente des reliefs, des ondulations et s'il est possible de réaliser des gabarits, ceux-ci remplaceront les règles latérales du cas précédent. Si la surface ne permet pas ces appuis, la mise en forme du sable se fera au rateau et la surface sera tassée et lissée avec une planchette ou une taloche. L'assemblage sera effectué de la même façon, le tassement se fera « à vue » ; les joints seront exécutés de la même manière.

Si un bord de la surface n'est pas appuyé contre un mur ou une bordure, il faut construire un arrêt cimenté.

Avec bandes de bois

Des planches épaisses sont calées pour former un plan. Les intervalles sont comblés avec du tout venant et par des graviers en surface.

Mixte : briques-pierres

Des briques délimitent des carrés dans lesquels sont posées des pierres en assemblage en opus incertain. Les joints sont réalisés au mortier.

Bandes de roulement de voitures :

Chaque bande doit avoir une largeur de 50 cm et l'entraxe de 1,50 m.

Elles doivent résister aux passages toujours au même endroit des véhicules ; pour cela, sur un sol meuble, creuser comme pour des fondations en béton, puis remblayer de tout venant bien compacté ; traiter enfin la couche de surface soit en béton strié (épaisseur 10 cm) soit en gravillons (épaisseur 2 à 3 cm).

La partie centrale peut être traitée avec différents matériaux et végétaux… pourquoi pas des massifs de fleurs naines (bien entretenir sa voiture pour éviter des fuites d'huile désastreuses) !

LES BÂTIMENTS ET LES PERGOLAS

UN ABRI DE JARDIN

Il existe dans le commerce une gamme très étendue d'abris en tout genre et dans une fourchette de prix très large. Il peut être très intéressant et passionnant d'en concevoir et d'en réaliser un soi-même bien adapté à sa future utilisation : petite maison des enfants, rangement du matériel, garage... L'exemple ci-dessous est une aide, les dimensions indiquées doivent être aménagées. Penser cependant que si les portées sont majorées (distance entre deux appuis), les dimensions de bois utilisé devront, elles aussi, être augmentées. Le fournisseur de matériaux pourra vous conseiller sur le choix des sections appropriées.
Pour ce type de construction, un fois encore, il faudra se renseigner sur la législation locale. En général la mention d'abri de jardin démontable facilite les formalités administratives et ne nécessite qu'une simple déclaration.

Principes

- fondation en béton armé (et dalle intérieure facultative).
- structure : ossature et charpente en bois.
- couverture à choisir : tuile, plaque de ciment et fibres, bardeaux bitumineux sur plaques en aggloméré de bois.
- parois : bardage bois
- ouvertures : porte et fenêtre fabrication assez rudimentaire ou achat.

Dimensions

- longueur intérieure : 3 m
- largeur intérieure : 2 m
- hauteur sous ferme : 2 m
- hauteur sous panne faîtière : 2,70 m.

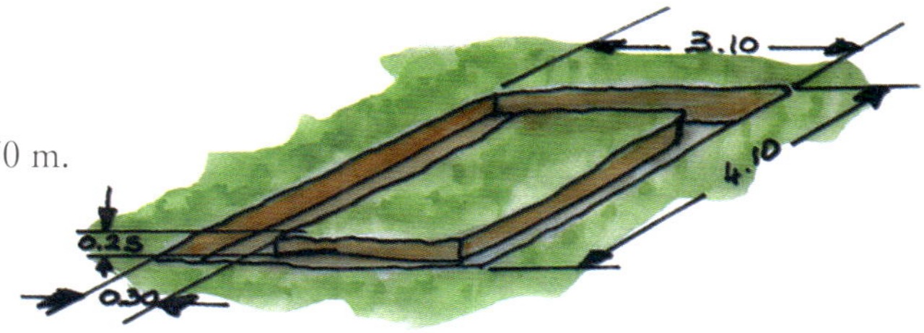

Fondations

ferraillage : semelle 14 m
Béton : 1 m^3

Quand le béton est encore mou, dans les angles, réserver les emplacements de fixation des poteaux en plaçant des blocs de polystyrène expansé qui seront enlevés apès la prise.

référence	désignation	quantité	section	longueur
1	poteau	4	15 x 15	220
2	traverse	2	15 x 6	200
3	panne	3	15 x 6	340
4	jambe de force	10	6 x 8	70
5	chevron	16	6 x 8	140
6	poinçon	2	15 x 6	100
7	liteau	14	2,7 x 2,7	340

Débits de bois

Les dimensions sont indiquées en centimètres. Précaution : tracer sans scier les longueurs. Il sera temps de faire les débits exacts quand les assemblages auront été réalisés ; cela a l'avantage de rattrapper un coup de scie maladroit.

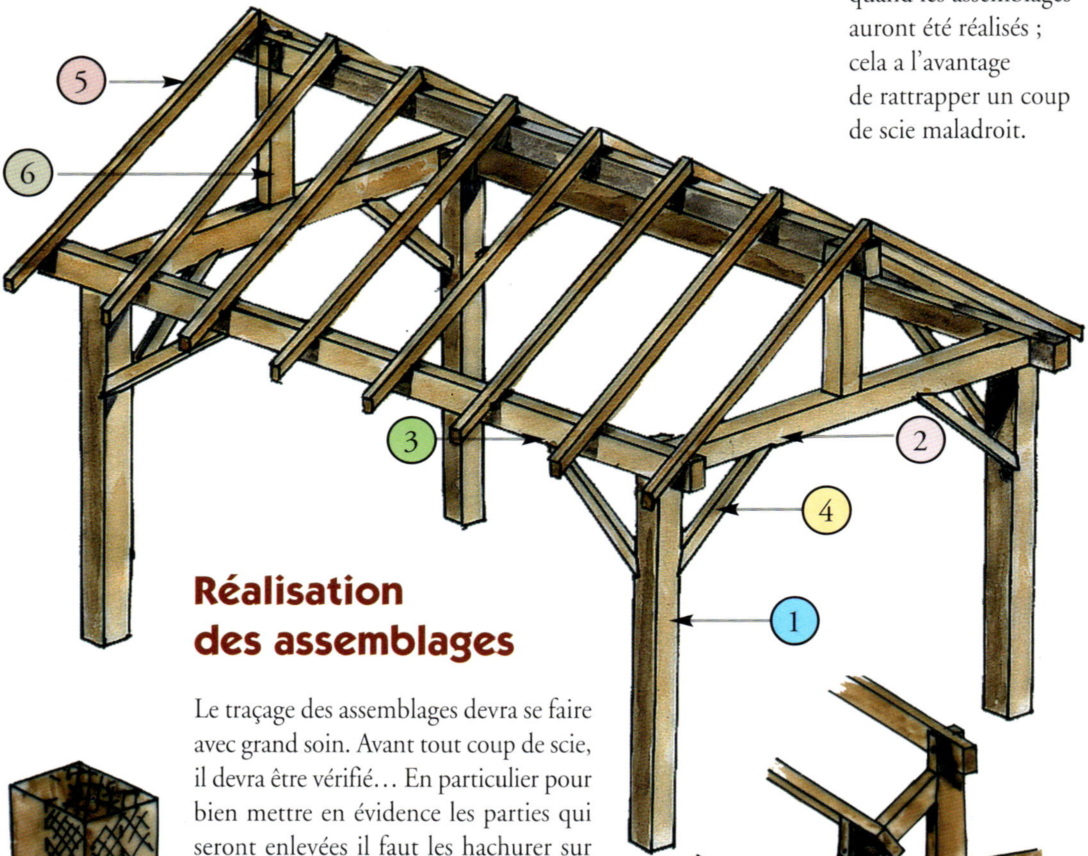

Réalisation des assemblages

Le traçage des assemblages devra se faire avec grand soin. Avant tout coup de scie, il devra être vérifié… En particulier pour bien mettre en évidence les parties qui seront enlevées il faut les hachurer sur les pièces de bois ; lorsque cela a été fait ne pas hésiter à réaliser « à blanc », au sol un montage en superposant les éléments (bien regarder que les parties hachurées sont en vis à vis de parties qui résisteront au sciage).

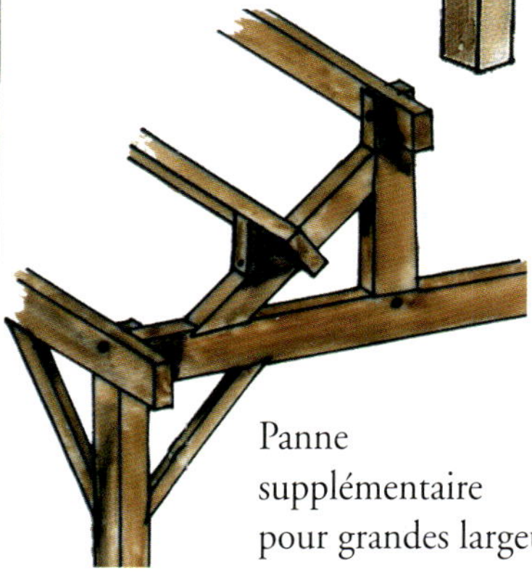

Panne supplémentaire pour grandes largeurs

Assemblages du poinçon

avec la panne
faîtière par
encastrement

avec la traverse par tenon et mortaise.
L'assemblage, réalisé au sol, est maintenu soit
par une cheville (bois plus dur, chêne par exemple)
soit par un boulon.

Assemblages des angles : pignon-poteau-panne

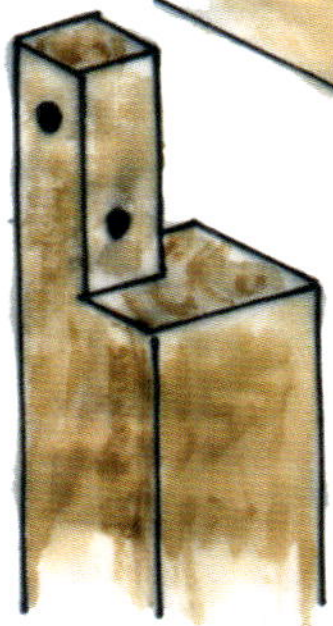

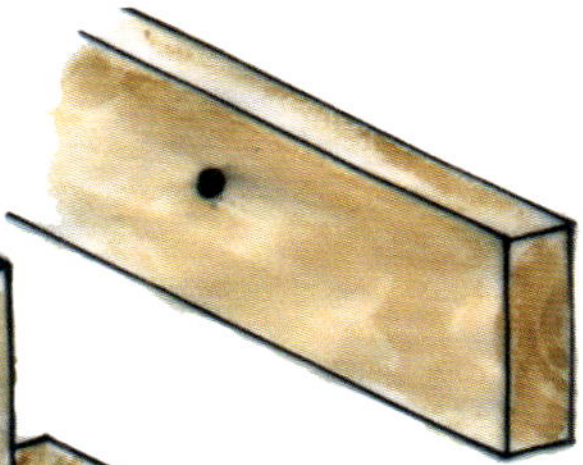

Avec la traverse
et la panne,
assemblage à mi-bois
boulonné

La traverse et le poteau
avec la jambe de force,
assemblage
par emboîtement

Ordre de montage

- Scellement des embases des poteaux
- Assemblage des deux pignons au sol : poteaux, traverse et poinçon.
- Mise à la verticale des pignons et étayage
- Fixation des pannes basses et faîtière
- Fixation des chevrons
- Fixation des liteaux

support du commerce

Scellement des embases de poteaux

Dans les emplacements qui ont été réservés au moment du coulage des fondations, sceller les pièces métalliques sur lesquelles seront vissées les poteaux :

- soit des morceaux de cornière (minimum 50 mm de côté et 10 d'épaisseur) ouverts comme des pattes de scellement pour mieux s'ancrer dans le béton,
- soit des pièces préfabriquées sur lesquelles reposent les poteaux (vissage par dessous). Ce système, en isolant le poteau du sol évite le pourrissement de la base.

fixation à réaliser

Attendre une semaine (normalement, la prise du béton est définitivement terminée au bout de 21 jours).
Quand les deux pignons ont été assemblés au sol (piliers - traverse - poinçon - jambes de force), redresser le premier pignon. Par sécurité pendant leur mise en place, il faut étayer les poteaux pour les maintenir à la verticale et attendre que toutes les pièces de la charpente soient en place et fixées avant de retirer les soutiens.

Lorsque les deux pignons sont à la verticale, mettre en place les deux pannes basses (ou « sablières ») et les boulonner.
Ensuite, fixer les quatre jambes de force en les clouant (enfoncer les clous dans des directions différentes pour qu'ils deviennent « inarrachables »).
Enfin, pour terminer la structure principale, il reste à placer et à boulonner la panne faîtière.
A partir de ce moment, cette charpente est stable.

La couverture

avec chevrons et liteaux

Tracer l'emplacement des chevrons sur les pannes. Ceux qui sont en débord au dessus des pignons (chevrons de rive) sont au ras de l'extrémité des pannes. La distance moyenne entre les axes des chevrons est de 50 cm. Elle ne doit pas excéder 60 cm. Les chevrons sont cloués sur les pannes ; les clous, sont enfoncés sur les côté des chevrons ; comme pour les jambes de force ils ne doivent pas être parallèles.

Les liteaux

Selon le type de couverture choisi (tuile mécanique, petite tuile plate, ardoise…), les espacements seront différents entre les liteaux ; se renseigner au moment de leur achat.
Mesurer et tracer sur les chevrons de rive leur emplacement puis avec un cordeau traceur, marquer tous les chevrons intermédiaires (cela est nécessaire car les liteaux étant de section assez faible, se déforment ; c'est au moment du clouage qu'ils sont remis droits).

TRUC : ***Si l'on est seul pour effectuer ce tracé, sur un des chevrons enfoncer légèrement une pointe à chaque marque.***
Le cordeau fixé à une pointe est tendu à l'autre bout puis « claqué »

Clouer les liteaux.

Celui du bas doit être doublé en épaisseur pour compenser le non chevauchement du matériau de couverture comme sur les autres rangs.

couverture
avec des tuiles mécaniques

Différents types de couverture :

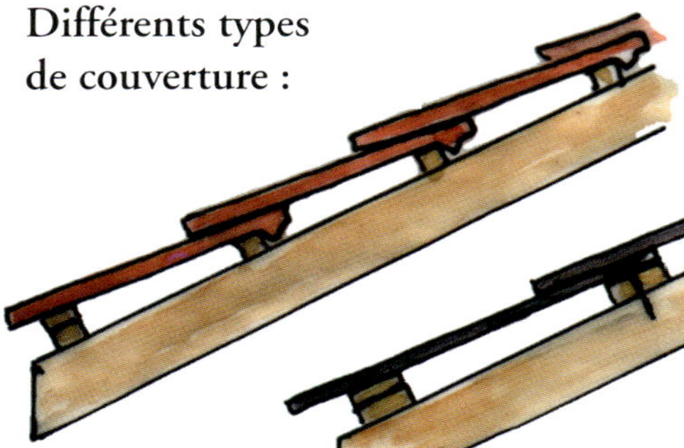

Petite tuile plate

Ardoise clouée

Ardoise et crochets

Le recouvrement du faîtage

Comme pour toute partie de construction, le faîtage est différent selon le matériau de couverture et varie selon la région. Cela peut être :

- en Normandie, sur un toit de chaume (non décrit ici, mais pourquoi pas dans une édition ultérieure !) une bande de terre plantée d'iris qui absorbent l'humidité de la paille,
- au sud du Massif Central, les lauzes (pierres plates) des deux pans sont encastrées et, sans le moindre liant, sont étanches (même à la neige poudreuse soufflée par la Burle),
- dans le centre, des tuiles faîtières en terre cuite scellées au mortier batard, les joints entre les tuiles en relief très prononcé formant des « pigeons »,
- vers les pays de Loire, des faîtages en zinc pouvant être ouvragés,

sans oublier dans chaque région, à une des extrémités du sommet du toit (ou aux deux), l'épi de faîtage représentant des scènes de la vie courante ou des figures emblématiques ou des symboles ésotériques…

Pour notre abri nous citerons deux types de finition :

faîtage en tuiles maçonnées

faîtage en zinc

Le recouvrement est orienté en fonction de la direction principale des vents de pluie. Pour les tuile mécaniques, il existe des tuiles de faîtage adaptées ainsi que des tuiles de rive (situées au bord de la toiture) ayant une partie verticale qui recouvre les liteaux et le chevron.

La couverture avec tuiles sur plaques fibro-ciment

Pour ce type de couverture on n'a pas besoin des chevrons : les plaques sont autoporteuses et sont donc vissées directement sur les pannes. Il existe plusieurs longueurs qui permettent de s'adapter à l'écartement des pannes (maximum : 1,65 m). Elles peuvent être laissées découvertes mais leur intérêt est de pouvoir supporter des tuiles de parement qui sont collées sur l'ondulation haute et donnent l'illusion d'un toit traditionnel (il existe des faîtages préfabriqués).

La pose est assez simple, elle demande d'être méticuleux. Il ne s'agit pas dans ce livre de recopier des notices explicatives et de montage des fabriquants de matériaux. Selon le choix, il vous sera fourni par le vendeur toutes informations et recommandations à respecter pour une mise en œuvre correcte (sinon... changez de vendeur !).

Queques conseils :

- si vous placez deux ou plusieurs hauteur de plaques, il faut découper les angles tel qu'il est indiqué sur la notice (respect des mesures) pour éviter les sur-épaisseurs des chevauchements et faciliter l'écoulement de l'eau,
- Placer correctement le joint d'étanchéité, à l'endroit du chevauchement des plaques,
- Visser les plaques sur la partie haute de l'ondulation et bien placer la rondelle d'étanchéité.

Il existe un procédé similaire de plaques goudronnées non rigides fixées sur une surface de planches. De la même façon on colle des tuiles dessus :

Couverture avec des bardeaux bitumineux

Ce type de couverture est assez simple : il suffit de réaliser une première couverture en plaques de bois aggloméré de qualité extérieure. Elles sont vissées directement sur les pannes transversales et faîtière. Si le bâtiment a été élargi par rapport aux dimensions citées en exemple, il faut avoir recours à une panne intermédiaire (voir schéma des assemblages). Cette première opération est facilitée si la charpente a été fabriquée et posée avec soin. Il est cependant souvent nécessaire de caler certaines parties des plaques pour compenser un porte-à-faux ou un voilage ; la vérification peut s'effectuer en tendant des cordeaux en haut et en bas de la couverture ; vérifier par visée qu'ils sont bien parallèles : en plaçant le regard au niveau du plan de la toiture, le cordeau du bas doit masquer totalement celui du haut.

Les parois

Pour un simple abri de voitures, et dans certaines régions, il ne sera pas nécessaire de fermer le bâtiment. Dans le cas d'un abri pour le matériel de jardinage, une porte correctement dimensionnée suffira ; une maison de jeux pour enfants sera pourvue d'une porte et d'une fenêtre. La qualité du bois et son épaisseur dépendront, elles-aussi, de l'utilisation que l'on compte en faire. Pour construire une simple paroi qui protège des intempéries (et masque du regard), des planches de 15 à 20 mm suffisent. Pour un intérieur plus isolé, des planches de 27 mm sont plus adaptées ; il est possible de réaliser une double paroi avec une couche d'isolant intermédiaire.

Ossature pour la fixation du bardage

Elle sert d'une part à fixer porte et fenêtre et, d'autre part, d'appui aux planches de bardage là où il y n'y a pas d'appui sur la charpente, en particulier au pied des parois et autour des ouvertures.

Elle est réalisée en chevrons de 6 X 8 cm cloués ; il est possible pour des bricoleurs plus exigeants de faire des assemblages à mi-bois.

côté fenêtre

pignon aveugle

pignon avec porte

côté aveugle

Bardage

Les planches peuvent être placées soit verticalement, soit horizontalement. Dans notre exemple, elles sont horizontales et en épi sur les parties triangulaires des pignons, verticales sur les autres parties.
Elles se chevauchent de 2 cm.

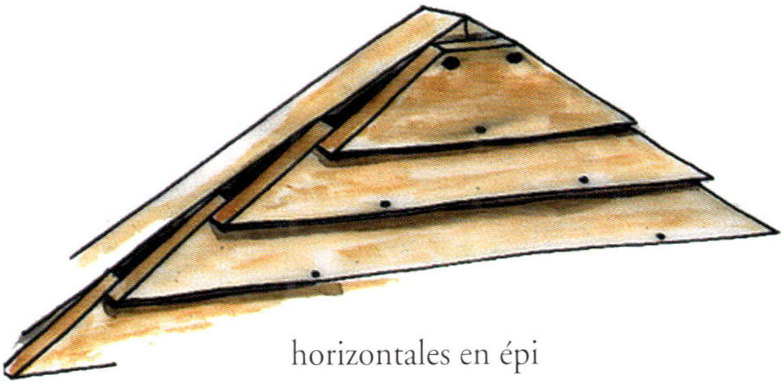
horizontales en épi

recouvrement en épi

Recouvrement droit

La quantité à acheter, pour notre exemple, est d'une centaine de planches de 2 m de longueur et 15 cm de largeur, sans avoir retranché les ouvertures (environ 22 m^2 à couvrir).
Elles sont clouées sur l'ossature par des pointes de 60 mm de long ; entre elles, tous les 25 cm, par des pointes d'une longueur légèrement inférieure à l'épaisseur des deux planches (clouage en biais dit « inarrachable »).

Les ouvertures

une porte

Il est possible, pour une finition parfaite et une meilleure étanchéité, d'intégrer une porte préfabriquée dans l'ossature du bardage.
Pour notre exemple, la porte décrite est une porte pleine constituée de lames de bois, avec rainure et languette clouées sur un Z.
Pour une largeur de 80 cm, un Z simple suffit ; pour des largeurs supérieures, ajouter une traverse horizontale supplémentaire.

Les pentures sont fixées à l'intérieur, au niveau des barres horizontales du Z, par des boulons à bois, les têtes arrondies étant apparentes à l'extérieur.

une fenêtre

De même que pour la porte, il est possible d'intégrer une fenêtre du commerce ; elle sera certainement plus étanche que le chassis ouvrant ci-dessous. Il s'agit d'un cadre de bois à l'intérieur duquel est fixée une vitre entre deux parcloses (petit tasseau). Selon le degré de compétences du bricoleur, ce cadre est assemblé soit en bout ou à mi-bois et renforcé par des équerres métalliques, soit, version luxe, par tenon et mortaise (voir le chapitre sur le travail du bois).

Le chassis est articulé par de simples charnières vissées dans le cadre et le montant de l'ouverture (dormant).

Suggestions de modifications possibles

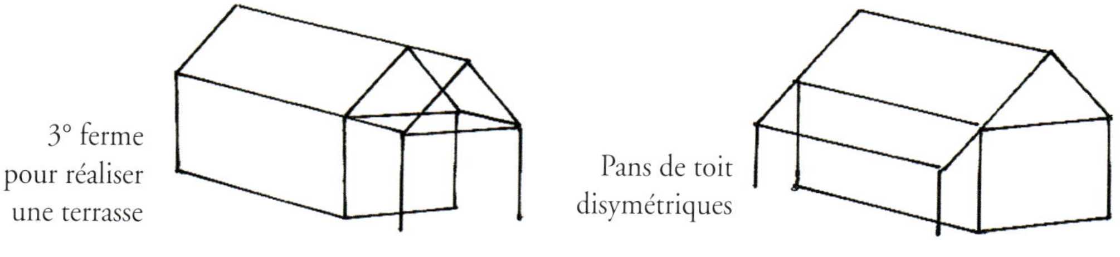

GLORIETTES ET PERGOLAS

Ce sont des constructions qui permettent de délimiter des volumes ou des coins. Elles forment des séparations très opaques si de la végétation dense y est accrochée, très aérées si seule la structure est apparente ; dans ce cas, c'est le matériau utilisé qui contribue au décor. Cela peut être un simple treillis bas fixé sur des poteaux, mais aussi des ensembles formant ou même fermant des volumes, véritables salles de verdure.

Pour la structure : bois ou métal ? Il faut faire une ossature ; si elle sert essentiellement au support de plantes on choisira plutôt une armature métallique ; par contre la chaleur du bois est souvent recherchée pour les aménagements de jardins.

La structure : un jeu de construction en bois

La structure de base

Légo ou mécano ? C'est un assemblage de pièces de bois qui ont été débitées en série. Il vaut mieux préparer ce travail en faisant quelques plans et un minimum de calculs car, encore une fois se pose le petit casse-tête des intervalles.

La structure de base de notre exemple est composée de quatre poteaux verticaux (1) débités dans des chevrons de 6 X 8 cm et 2,10 m de longueur sur lesquels est fixée une sorte d'échelle horizontale faite de deux traverses longues de 2,10 m (2) et de six barreaux de 0,60 m (3) débités dans de demi-chevrons de 6 X 4 cm.

Pour les dimensions données ci-dessus, l'espace entre les barreaux est de 35 cm entre-axe et il y a 17,5 cm entre l'extrémité de la traverse longue et l'axe du premier barreau.
Les assemblages sont fait par vissage et boulonnage et sont renforcés par des équerres métalliques.
Pour que cette structure puisse durer, utiliser de la visserie en acier inoxydable et choisir des bois traités contre les insectes et les moisissures (ou le faire soi-même, voir chapitre « Travail du bois »).
La fixation des poteaux doit assurer la stabilité de l'ensemble et donc, dans la plupart des cas, être faite sur un dé de béton et des socles scellés (A) ou vissés (B).
Le montage de l'échelle horizontale se fait au sol, puis est boulonnée sur les poteaux.

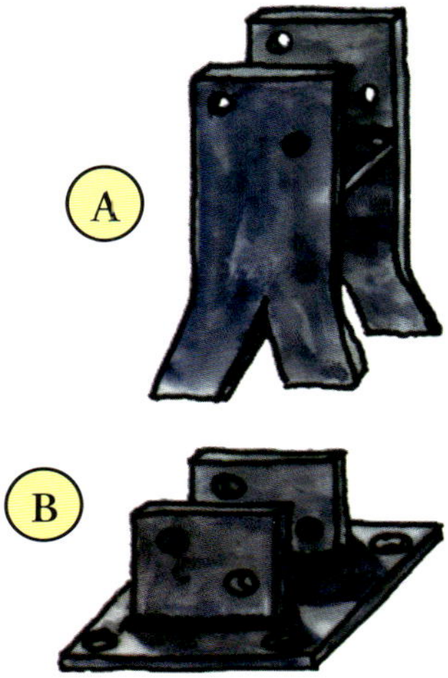

Les constructions plus complexes

A partir de cette structure de base on peut ajouter des éléments soit en bout, soit en travers. Dans ces cas il faut modifier légèrement l'extrémité de l'échelle : pour augmenter la solidité, l'assemblage repose sur des cales qui sont boulonnées sur le côté du poteau.

Les barreaux sont disposés différemment pour être répartis de façon harmonieuse.

On peut aussi construire un espace à partir de poteaux et de traverses longues. Les barreaux sont alors des traverses longues (ou de fils de fer pour supporter de la végétation).

Une étagère, un banc

Il est facile, sur une charpente robuste d'apporter quelques aménagements : deux barreaux boulonnés sur les poteaux servent de support à une étagère ou à un banc. Les planches doivent être résistantes ou renforcées par un pied intermédiaire.

Un arceau

Dans le commerce on trouve des éléments pour construire de telles pergolas. Pour des soucis esthétiques, certains sont arrondis ce qui nécessite de cintrer des traverses. C'est une technique qui n'est pas très difficile, on peut même tricher un peu (voir le chapitre « Travail du bois ») et réaliser soi-même un passage avec une arche.

Un étendage à linge

Indispensable, mais pas toujours esthétique. Malgré tout le charme de draps flottant doucement au vent… l'aspect poétique des chaussettes ou culottes est plus incertain et que dire lorsqu'il n'y a pas de linge mais simplement des poteaux nus et quelques fils. S'il est impossible de masquer l'indispensable, on peut le mettre en valeur.

En adaptant la longueur de la structure de base aux besoins de la famille, il suffit d'ajouter des barreaux sur deux hauteurs et de tendre des cordes à linge. Il vaut mieux être prudent et renforcer cette construction transversalement en fixant des croisillons (1) entre les poteaux et longitudinalement par des jambes de force (2) entre le sol et les poteaux.
On peut aussi décorer l'étendage, ce qui le masque partiellement, en faisant pousser des plantes grimpantes sur les côtés ; éviter cependant les feuillages trop denses, les plantes avec des baies qui risquent de tacher le linge.

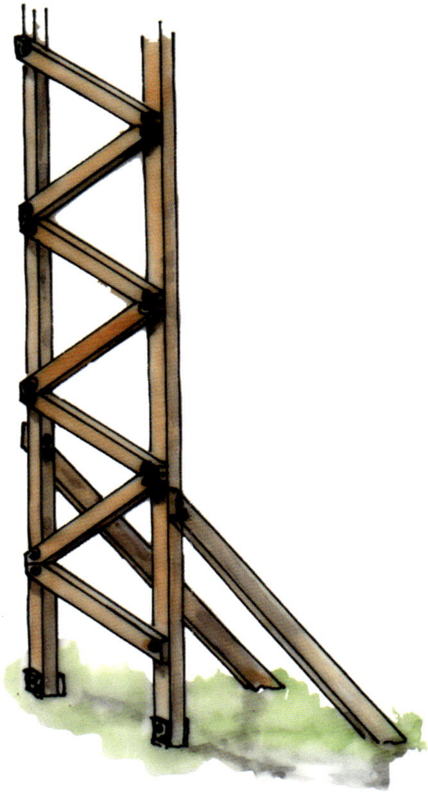

Des panneaux

Les structures peuvent supporter des panneaux fait de file de fer ou de lattes en bois sur lesquels on laisse courrir de la végétation. Certains, très décoratifs, sont laissés nus.

Le palissage

Il s'agit de « conduire » les végétaux en les attachant sur des supports. Ces végétaux sont principalement des plantes grimpantes, mais on peut aussi trouver des arbustes, voire même des fruitiers ; éviter les arbres qui attirent des insectes indésirables comme les guêpes.

Les supports

Fils de fer et grillages
C'est le même travail que le montage d'une clôture ; sur des fils résistants, reliant des points de fixation solides (poteaux, mur), on tend soit des fils intermédiaires soit un grillage à mailles plus ou moins larges ; Certains utilisent aussi des panneaux plus rigides vendus dans le commerce ou, ce qui est plus économique, du treillis soudé (servant à armer le béton) que l'on peint.
Si la construction envisagée est appuyée sur un mur, celui-ci, laissé tel quel constitue le décor. Par contre on peut le masquer par des plantes ; certaines s'y fixent seules comme le lierre par exemple, d'autres ont besoin d'aide pour s'accrocher et pousser en hauteur. Le moyen le plus simple est de tendre des fils de fer. Sur des fils résistants horizontaux, on tend des fils intermédiaires plus fins qui forment un quadrillage. Deux raisons justifient d'écarter les fils du mur en utilisant des vis longues : d'une part « tresser » la végétation sans la pincer et, d'autre part, éviter qu'elle s'échauffe au contact du mur en cas d'exposition ensoleillée.

Les treillages en bois

C'est un « grillage » en bois réalisé avec des lattes de petite section (de 7 à 10 mm d'épaisseur et 20 mm de largeur) clouées entre elles. Les dessins formés par le croisement de ces lattes peuvent être simples en formant des carrés ou des losanges (qui ont l'intérêt d'être extensibles) mais deviennent aussi de véritables décors mettant en scène les plantes. Les plus travaillés se mettent en valeur par eux-mêmes ! Les dimensions sont à adapter selon l'espace disponible et il faut éviter de couvrir en une fois les surfaces de grandes dimensions mais plutôt fabriquer plusieurs panneaux. Comme les fils de fer, ces treillages doivent être fixés sur des supports solides : murs, en veillant à les écarter, ou sur poteaux.

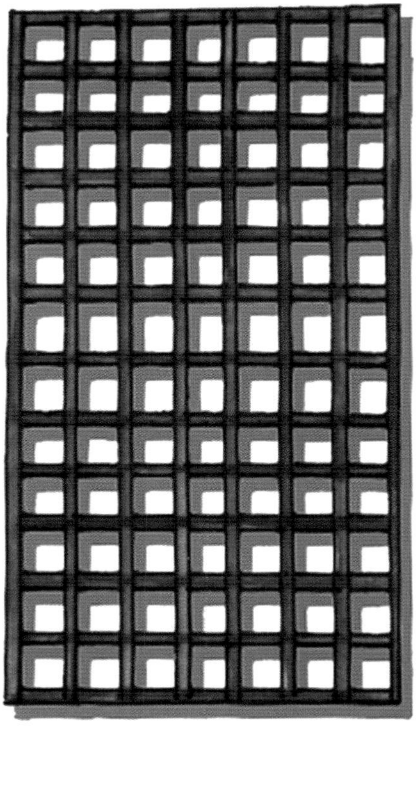

MOBILIER DE JARDIN

Il n'est pas question de vouloir rivaliser avec le mobilier en plastique, qu'il soit en polyéthylène, polypropylène, ABS ou autres matières aux dénominations toutes plus poétiques les unes que les autres ! Il ne s'agit pas non plus de proposer une opération de fabrication en série mais, simplement, de suggérer une touche personnelle dans un coin du jardin ou adapter un modèle du commerce dont les dimensions ne conviennent pas.
Construction en bois pour une table démontable et deux bancs, ou construction en fer et en ciment pour une table basse carrelée pouvant servir de desserte ou de support de pots de fleurs.

MEUBLES

Ensemble table et bancs

Débits de bois : il faut laisser quelques centimètres en plus ; la mise à la longueur réelle sera faite au moment de la finition.
Les assemblages des piètements sont à mi-bois et boulonnés. La liaison entre les pieds et le plateau étant boulonnée, la stabilité est assurée par deux jambes de forces. Cette table est démontable, ce qui facilite son stockage à l'abri durant l'hiver.

		Section	Nombre	Longueur
Table	Pieds	10 x 3,5	4	115
	Plateau			
	Dessus	10 x 2,7	8	200
	Traverses	5 x 3,5	2	85
	Jambes force	5 x 2,7	2	85

		Section	Nombre	Longueur
Bancs (2)	Pieds	5 x 3,5	4	65
		5 x 3,5	4	60
	Dossier			
	Montants	5 x 3,5	4	50
	Traverses	10 x 2,7	2	200
	Jambes force	5 x 2,7	4	85
	Équerres	5 x 2,7	4	20

Visserie et ferrures

Les ferrures servent à assembler les jambes de force en dessous du plateau de la table ou des assises des bancs. Elles sont découpées (8 pour les bancs et 4 pour la table) dans du fer plat ou de la tôle de 5 mm d'épaisseur et d'une longueur de 20 cm et percées d'un trou de 8,5 mm et d'une fenêtre de 8,5 X 70 mm. Enfin elles sont coudées, comme l'indique la figure, à environ 100° pour les bancs (A) et 115° pour la table (B).

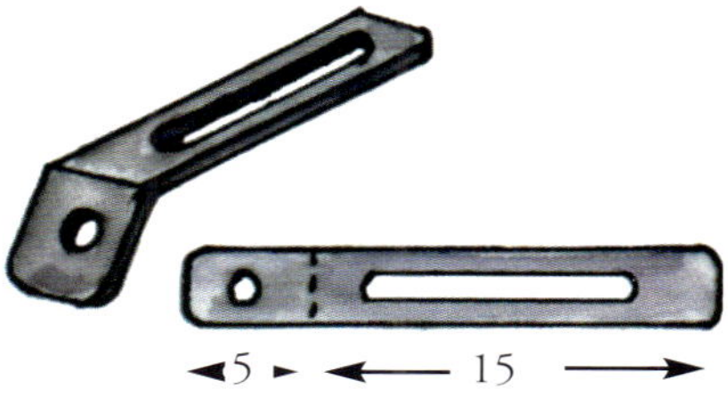

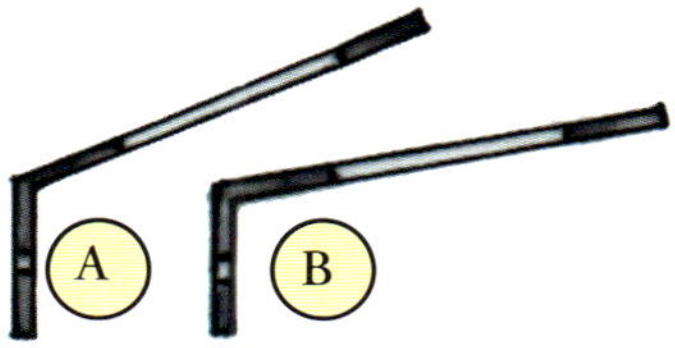

Visserie	Dimensions	nombre
Boulons à bois	8 x 80	20
	8 x 60	9
	8 x 50	6
Vis à tête fraisée	5 x 60	88
Rondelles	8	80

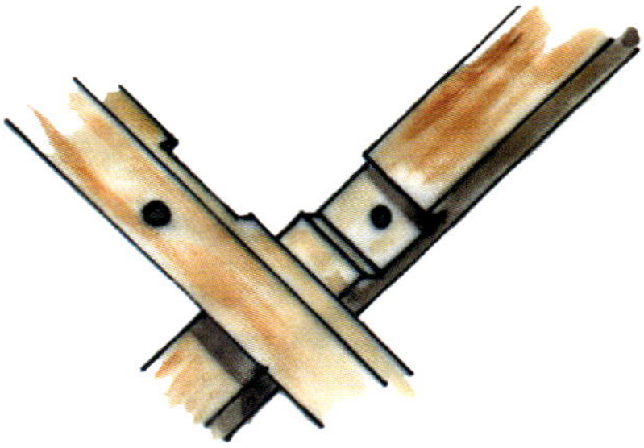

Les pieds de la table

Faire les découpes à mi-bois et assembler les deux piètements avant de couper les extrémités. Pour cette opération dont dépend la stabilité de la table, il vaut mieux sur une épure tracée sur un quadrillage au sol, superposer les deux croix et tracer correctement les coupes hautes et basses.

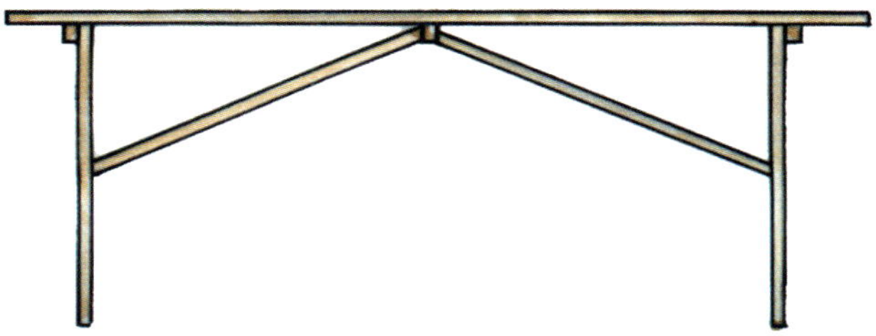

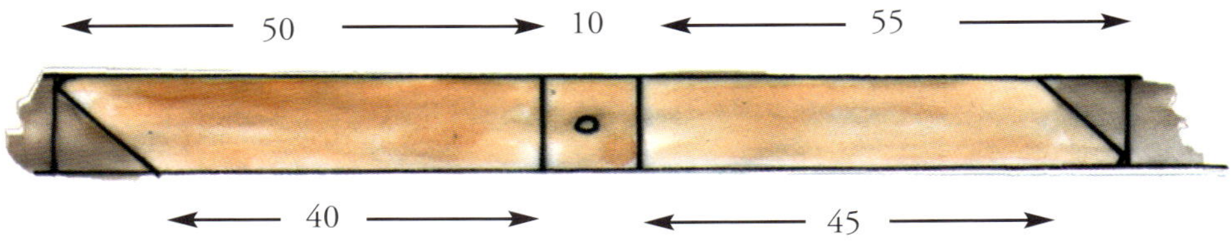

Le plateau de la table

Préparer les traverses et les planches de dessus : ne pas les couper aux longueurs exactes, cela sera fait quand elles seront serrées, au moment du traçage. Faire un léger chanfrein sur deux angles soit au rabot, soit en ponçant (à la main ou mieux avec un matériel électrique).

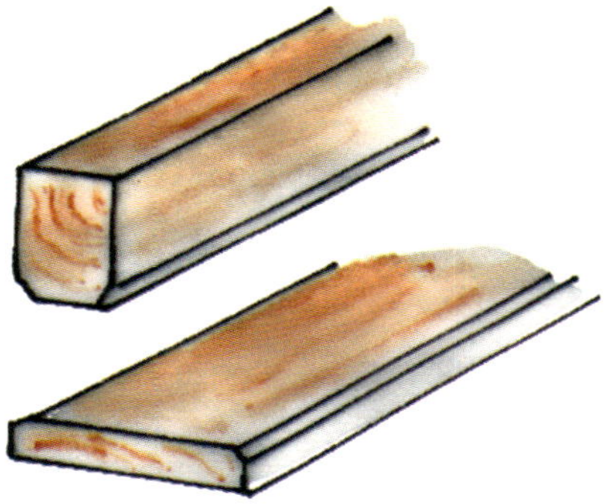

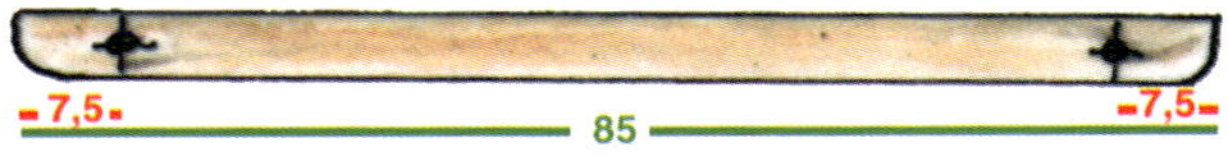

Percer deux traverses selon les cotes ci-dessus avec un forêt de 8 mm.
Percer la troisième, l'intermédiaire, d'un trou de 8 mm au milieu pour la fixation des jambes de force.
Tracer sur les trois traverses l'emplacement des planches qui forment le plateau (les serrer avec un serre-joint et, après avoir mesuré et marqué les repères, tracer avec une équerre sur les trois à la fois).
Scier les extrémités. Faire de même avec les planches de dessus.

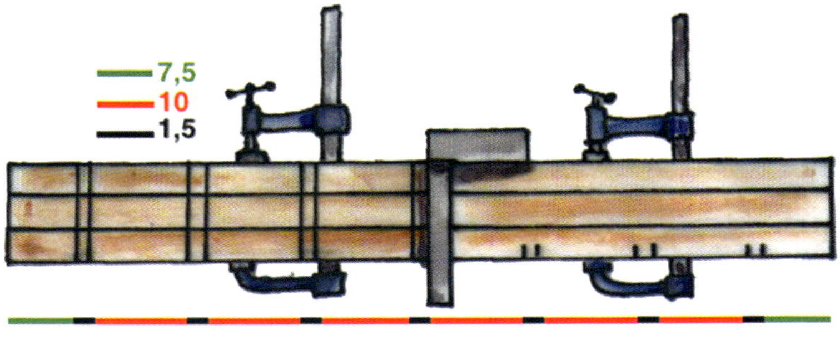

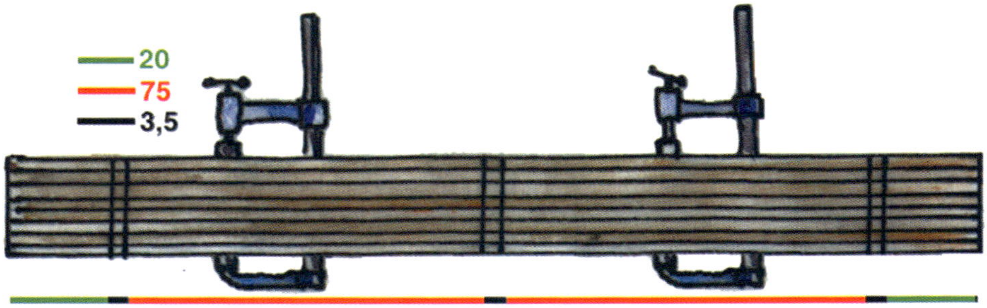

Assemblage : Sur un sol bien plan, placer les traverses parallèles puis fixer les planches dessus, une par une, en ajustant parfaitement les marques.
Pour chaque assemblage, faire deux avant-trous de 4 mm de diamètre et 60 mm de profondeur (1). Les décaler légèrement, car si les seize vis de fixation des planches sont allignées, elles risquent de fendre la traverse.
Elargir le trou de la planche à 5 mm (2) puis le fraiser pour que la tête de la vis ne dépasse pas (3).

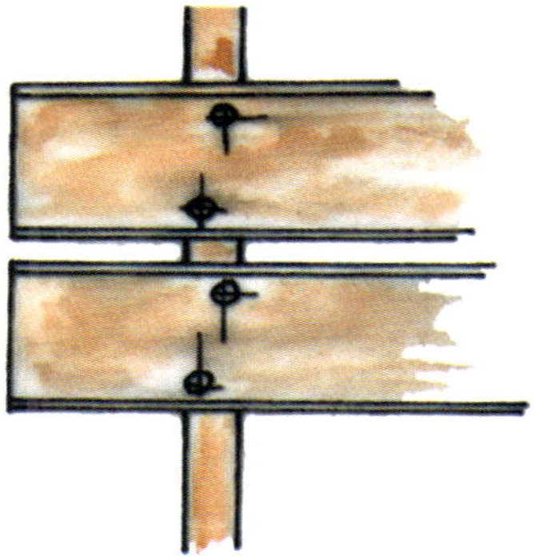

Visser.

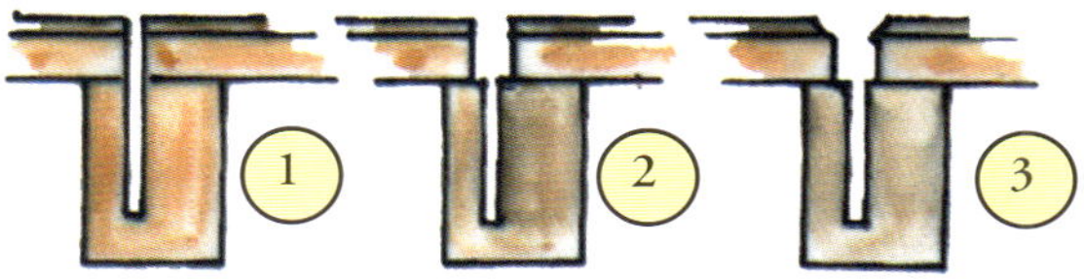

Assemblage des pieds et du plateau

Les deux pieds ayant été assemblés et sciés à la hauteur exacte, placer chacun d'eux en position contre la traverse pour vérifier le bon ajustage. Après rectification si nécessaire, marquer l'emplacement des trous, percer puis boulonner en interposant une rondelle du côté de l'écrou.

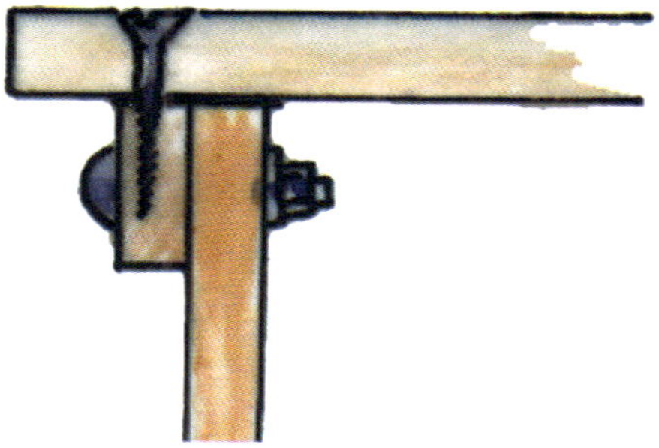

Fixer les ferrures sur le croisement des pieds et sur la traverse centrale, puis fixer les jambes de force sur ces ferrures.

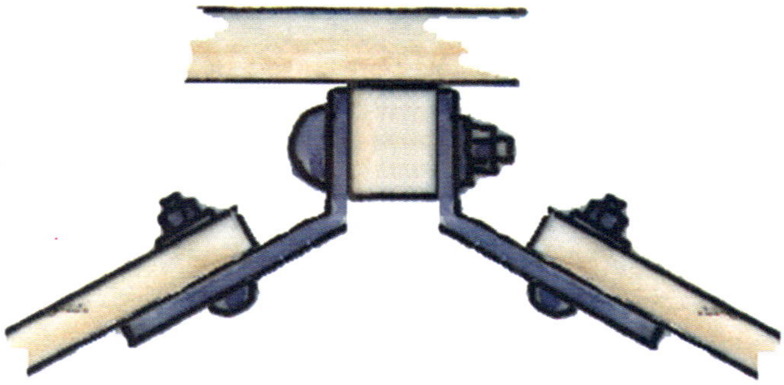

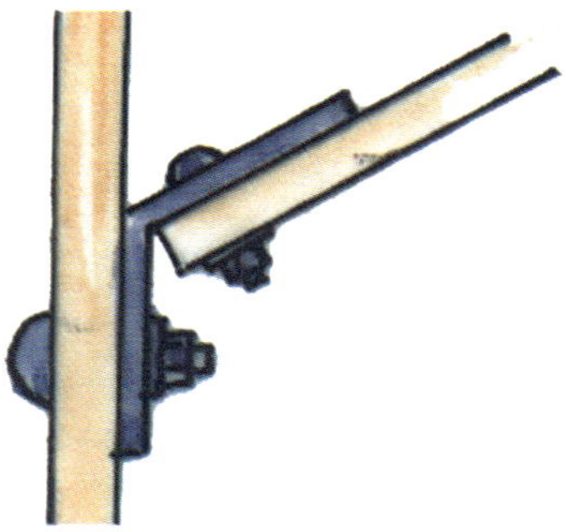

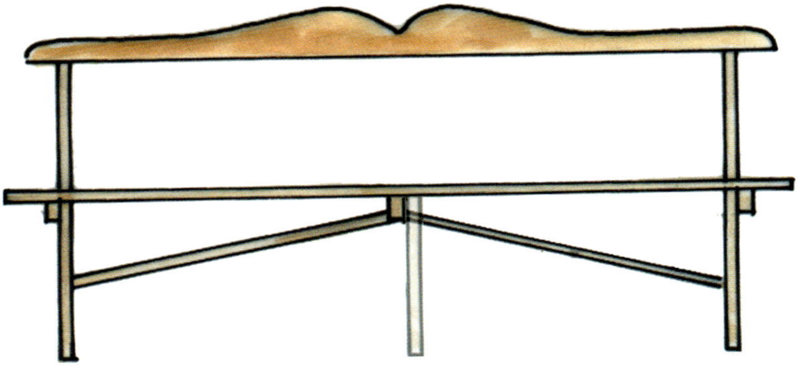

Les bancs

Les opérations sont les mêmes que celles de la table : assemblage des quatre pieds (il est possible d'en fabriquer six pour placer un supplémentaire sur chaque banc au niveau de la traverse intermédiaire ; dans ce cas, il faut faire un plan à l'échelle pour adapter les longueurs des jambes de force).

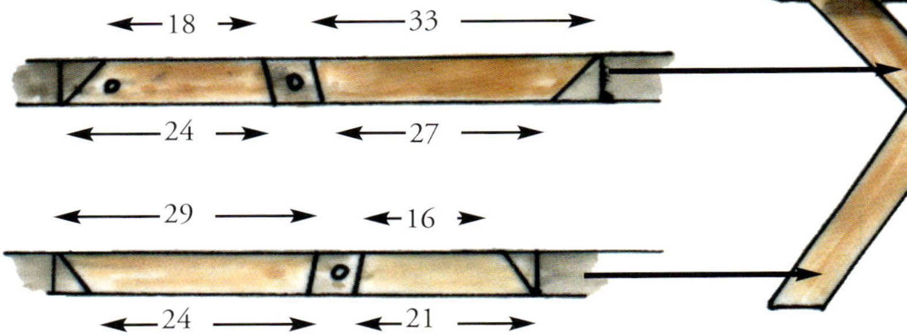

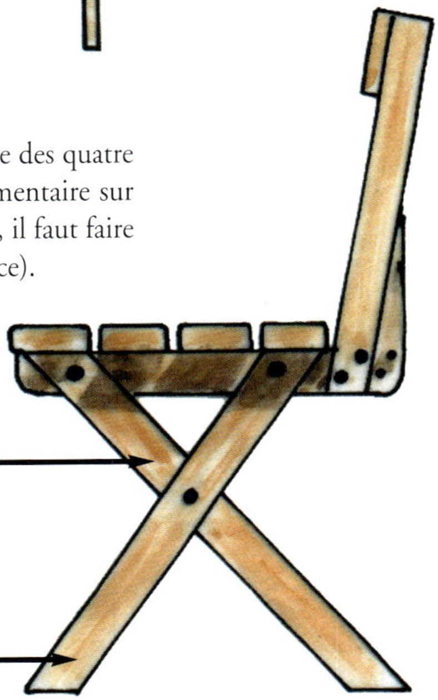

Un montant est fixé à l'arrière de la traverse et supporte en haut le dossier ; lui même est renforcé par une petite équerre fixée à l'arrière. On peut laisser le dossier rectangulaire, en faisant tout de même un chanfrein similaire à ceux de l'assise ; cependant il vaut mieux, pour adoucir l'aspect rigide de l'ensemble formé de lignes droites, faire une découpe arrondie.

Sur un carton, dessiner un gabarit de la moitié du dossier puis le découper.

Le placer sur la planche de dossier, dessiner le contour puis en symétrie dessiner l'autre moitié.

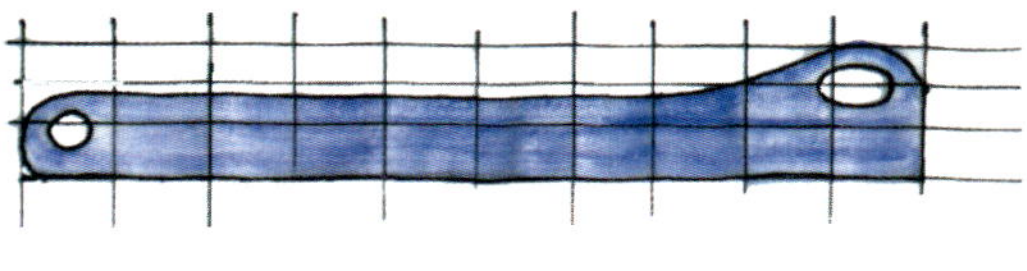

Une petite table carrelée

Le plateau mesure 45 X 75 cm et la hauteur est de 40 cm.
Cette table est fabriquée en deux temps distincts : construction de l'ossature métallique puis travail de maçonnerie : mortier et carrelage.
Selon la dimension de carreaux choisis, adapter les dimensions du cadre pour éviter les coupes (on peut aussi choisir de faire des coupes ou de poser le carrelage en biais… ou même de se lancer dans la mosaïque).

Les matériaux

- Cornière : cadre : 2,50 m
  pieds : 4 X 0,40 m
- Embases (tôle de 3 mm), 4 morceaux de 5 X 5 cm
- Treillis soudé
- Carrelage, ciment, sable, ciment pour joints.

Le cadre

Réalisée en cornière ; dans cet exemple, pour des carreaux de 10 mm d'épaisseur, c'est une cornière égale de 3 cm (les deux ailes de la cornière ont la même dimension) et d'une épaisseur de 3 mm.
Le cadre est fait d'une seule longueur que l'on plie trois fois après avoir découpé des coins dans l'aile qui sera en dessous du plateau.
Pour celà, marquer, à l'intérieur de la cornière, sur l'aile verticale, les emplacements des angles du plateau (en partant d'une extrémité : 45 cm, 120 cm, 165 cm et 240 cm).
A chaque marque tracer un secteur angulaire de 90°.
Scier (1).
La découpe doit aller jusqu'à l'aile verticale pour que le pliage soit bien net. En sciant, il faut « enlever » le trait (lame de scie à métaux juste sur la marque ou petit coup sur le côté avec la disqueuse). Les extrémités (0 et 240 cm) sont coupées à 45°.

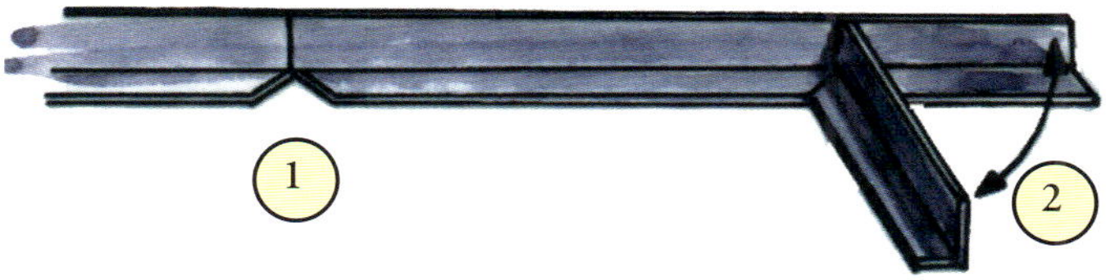

La cornière étant maintenue solidement, soit à l'étau, soit au serre-joint, plier en prenant soin de ne pas la vriller : bien rester dans le même plan (2).

Lorsque les trois angles ont été pliés, vérifier que le cadre n'est pas voilé en le posant sur une surface plane (table, sol...) et rectifier si nécessaire.

Pour souder ce cadre il vaut mieux le retourner et souder l'extérieur : cela permet en cas d'erreur de meuler plus facilement que si on a commencé par la partie intérieure de la cornière.

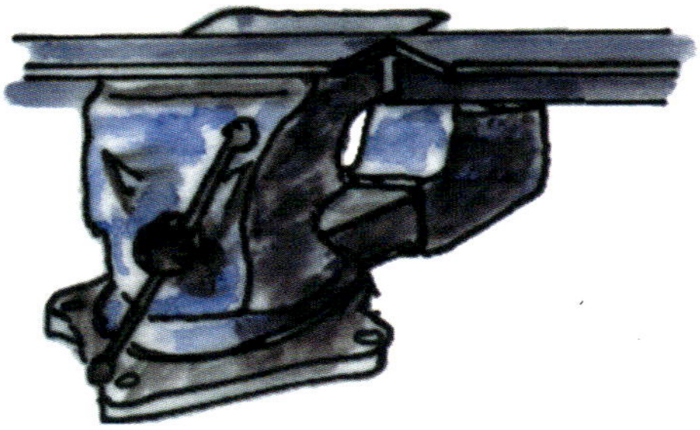

Après une dernière vérification souder les angles à l'extérieur, puis à l'intérieur.

Il est bon d'investir dans une presse d'angle pour éviter toute erreur.

Pour ceux qui n'ont pas cet appareil, il faut vérifier, avant chaque soudure, le bon équerrage des côtés.

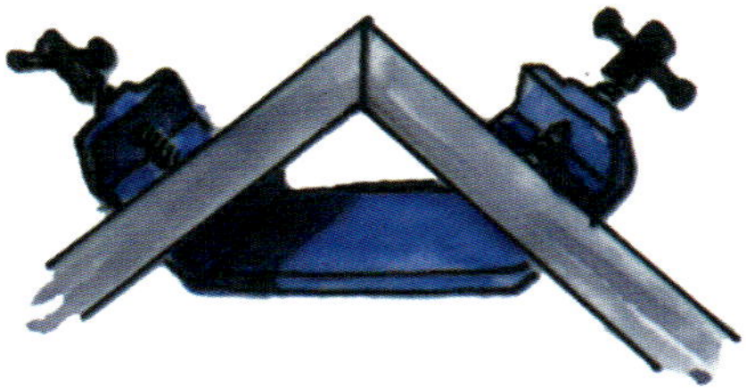

Après avoir enlevé le laitier, meuler l'extérieur pour avoir un bel aspect lisse.

Les pieds

Dans l'exemple ils sont réalisés dans de la cornière identique à celle du cadre ; on peut aussi utiliser du tube carré.

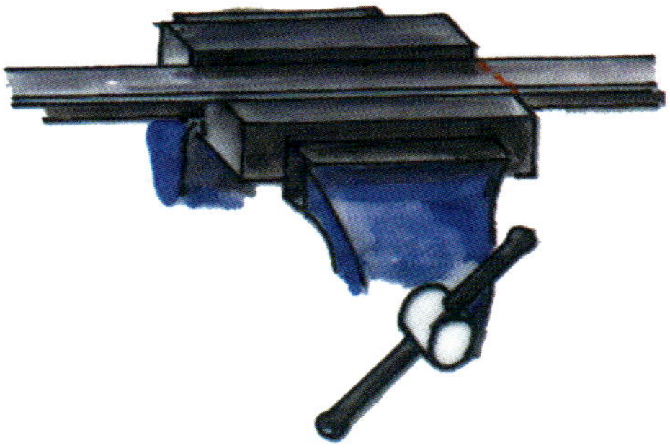

Pour ceux qui ne possèdent pas une disqueuse sur pied qui assure des coupes parfaitement d'équerre, bien tracer les coupes de façon à pouvoir, lors du sciage, surveiller la coupe. Certains utilisent des guides métalliques sur lesquels ils font glisser la scie ; avec un peu d'habitude, une bonne lame tendue correctement, de la patience et de l'attention on arrive à avoir des coupes très acceptables.

Arrondir un angle du carré de tôle qui sera fixé sous les pieds. Pour souder cette embase, le serre-joint, encore lui, est d'une grande utilité.

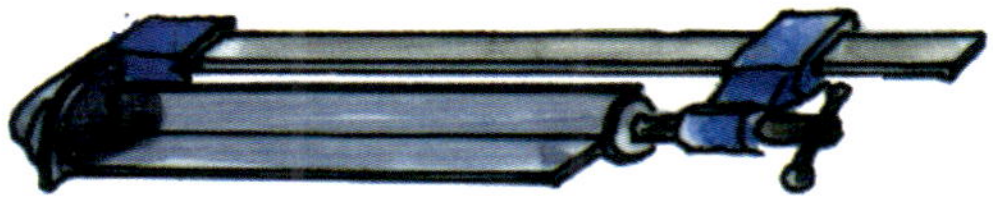

Assemblage pieds - cadre

En même temps que vous avez acheté la presse d'angle, peut-être avez-vous remarqué dans le magasin un drôle d'outil, sorte de compas ayant des aimants à la place de la pointe et du crayon. C'est un outil qui remplace une main (peut-être deux !) ce qui, lorsqu'on soude, est fort appréciable. Il maintient assez solidement les pièces en place et il permet d'amorcer la soudure sans risque de les décaler.

Encore une fois, en cas de pénurie de matériel, il faut faire avec les moyens du bord, c'est à dire tout ce qui serre et maintient : serre-joint pour maintenir le pied et pinces-étau pour régler l'équerrage.

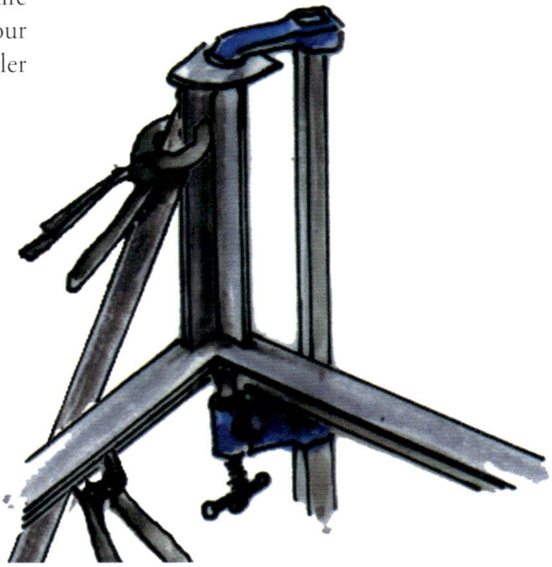

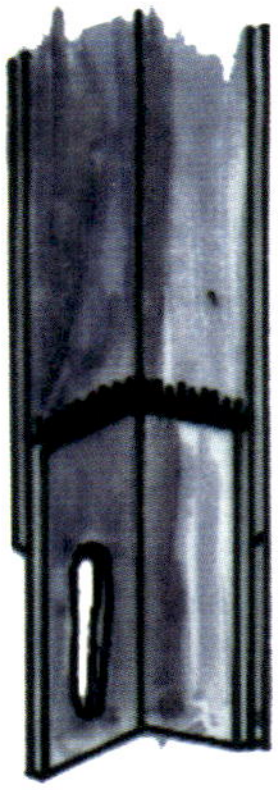

Aménagement de calage

(pour éviter que la table soit bancale)

Scier un des pieds et supprimer environ cinq centimètres. A l'intérieur de la partie haute on soude une chute de cornière dans la quelle on a creusé une fenêtre (trou allongé). La partie basse, sur laquelle est soudé un morceau de tige filetée ou de boulon, peut coulisser. Pour rectifier le calage, on raccourcit ou on allonge ce pied ; c'est suffisant sur un sol irrégulier (sur un sol vraiment pentu, on peut faire une table « dahut » avec deux piéds courts !)

Le dessus du plateau

L'épaisseur de la cornière correspond à la hauteur des carreaux qui affleurent le bord du cadre.
Poser le cadre sur des planches qui ferment complètement l'espace à l'intérieur du cadre. Découper l'emplacement des pieds pour être sur qu'il n'y ait pas de fuites (voir dessin).
Placer le treillis soudé et le caler pour qu'il ne soit pas collé au cadre, pas trop haut non plus pour qu'il ne gène pas la pose des carreaux.
Préparer un mortier de ciment type chape (un volume de ciment pour deux volumes et demi de sable). L'étaler dans le cadre jusqu'à un centimètre du bord, puis placer les carreaux ; respecter les espaces en plaçant des croisillons ou des cales (voir le chapitre Mortier et Béton). Le calage des carreaux est simple puisque ce sont les bords du cadre qui servent de règle.
Faire les joints. Il est possible, selon le type de carreaux utilisés, de teinter ces joints.

Et pourquoi pas de la mosaïque ?

Avant toute chose, choisir un dessin ou une image que l'on veut représenter. Pour un début peut être faut-il rester modeste sur le nombre de couleurs et les nuances.
Ensuite se mettre en quête de carreaux couvrant toutes les teintes nécessaires ; une façon plus sûre de trouver les couleurs exactes consiste à utiliser des carreaux blancs que l'on peint avec de la peinture pour céramique. Sur un papier de la taille du décor reproduire les formes et les différentes zones de couleur. Cette reproduction peut se faire à main levée pour les artistes, avec du calque ou au carreau pour ceux qui ont la main moins assurée ; le dessin doit être fait à l'envers car les morceaux de carreaux vont être collés provisoirement avec de la colle à papier peint sur la feuille qui sera retournée au moment de la fixation définitive sur la table. Pour l'exemple du dessin seul le motif central est collé sur papier ; le reste est collé directement au ciment colle sur la table.

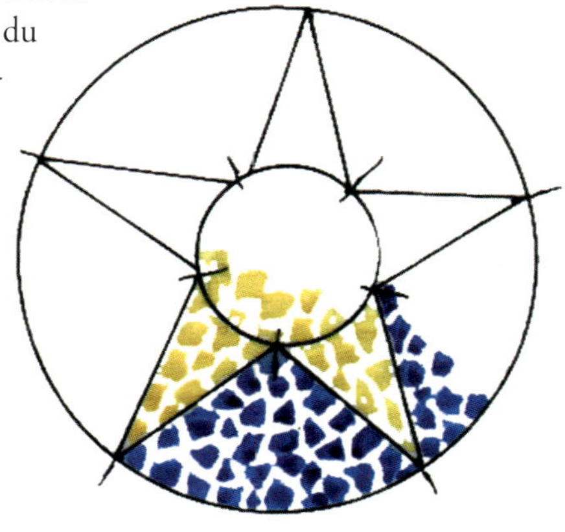

Casser grossièrement ces carreaux pour obtenir des morceaux de taille convenable ; inutile de les réduire en poussière, ils seront retaillés à la pince pour correspondre exactement au tracés.
Pour le collage sur le plateau, commencer par le motif puis garnir le reste de la surface. On peut opérer comme avec ces grands carreaux, c'est à dire les coller sur le mortier frais. Il est préférable, dans un premier temps de couler le mortier, en laissant un peu plus que l'épaisseur des carreaux. Lorsque cette sorte de chape a durci, utiliser du ciment colle. L'étaler alors avec un peigne à dents peu profondes pour éviter que les morceaux de petite taille s'enfoncent irrégulièrement. Excepté pour les surfaces collées sur papier, travailler sur des surfaces restreintes car le choix et le placement de chaque pièce est long et la colle risque de sécher (voir aussi le chapitre sur les habillages de pots et la mosaïque).

LE COIN JEUX DES ENFANTS

Lorsque l'on habite une maison avec du terrain autour, même exigu, on ne peut pas priver les jeunes enfants d'une aire qui leur est réservée avec un minimum d'installations à leur disposition, leur imagination faisant le reste. Pendant les travaux, ils se sont « régalés » à écrouler le tas de sable ou à le mélanger avec les graviers réservés au béton (ce n'était pas forcément à votre goût) Les travaux terminés, ils ont certainement envie de continuer. De même, au lieu de brûler les chutes de bois, pourquoi ne pas les utiliser pour des jeux de construction de taille supérieure à celle des briques légo. Ne pas oublier non plus le désir de grimper en aménageant selon les possibilités, soit un arbre, soit un mur…
Ces installations doivent être simples et non dangereuses : stables, solides et adaptées à l'âge des enfants.

Un bac à sable

Matériaux

Planches de 2,7 cm d'épaisseur :	8 de 10 X 150 cm
Tasseaux de 5 cm de côté :	4 de 40 cm

Bac très simple, constitué de côtés formés par des planches emboîtées et retenues par quatre piquets d'angle. Les planches sont toutes débitées sur le même modèle : de chaque côté, faire une encoche de 2,7 cm de largeur (a) sur 5 cm de profondeur (b) à 10 cm du bord (c).

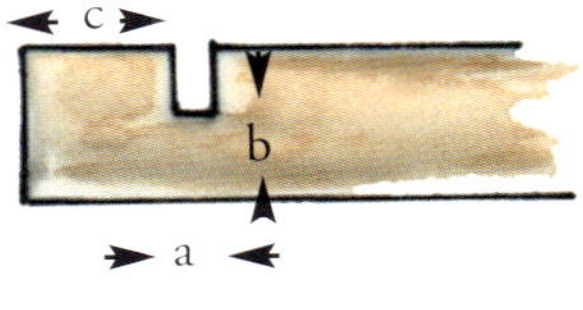

Les planches ayant été emboîtées, enfoncer, dans l'angle extérieur, les quatre tasseaux qui ont été taillés en pointe. Selon la nature du sol, il est peut-être nécessaire de faire un avant-trou avec une barre à mine ou bien creuser un trou plus grand dans lequel chaque tasseau est calé avec des pierres bien tassées.

Pour éviter que ce bac devienne aussi celui des chats ou des chiens, il vaut mieux qu'il puisse être couvert lorsqu'il n'est pas utilisé.

La couverture est faite par une bâche aérée (bâche d'hivernage de piscine) ou pleine. Dans les deux cas, prévoir de l'attacher aux parois ; il existe des sortes de boutons sous lesquels est fixé un élastique qui passe dans des œillets de la bâche. Cette solution qui ne présente aucun danger convient à des enfants très obéissants qui ne marchent que là où c'est permis…

Pour d'autres, un peu plus turbulents il est préférable de couvrir le bac par des planches, sur lesquelles ils pourront établir leur quartier ou qui serviront de jeu de construction (comme sur le premier dessin des rampes d'accès ou des barrières en clouant des tasseaux en travers).

Des jeux de construction

Sur un chantier, le vôtre ou celui d'un ami, il ne manque pas de matière première pour constituer un stock de pièces que les enfants s'ingénieront à empiler, étaler, aligner pour créer des espaces ou des volumes. En plus des planches du bac à sable précédent voici quelques idées à adapter.

Avec des rondins

Il vous a fallu abattre des arbres... Réservez quelques longueurs aux enfants. Attention aux résineux qui, comme leur nom l'indique, laissent des traces, attention aussi à des bois qui forment des échardes ; sans les polir parfaitement, un ponçage soigné est recommandé.

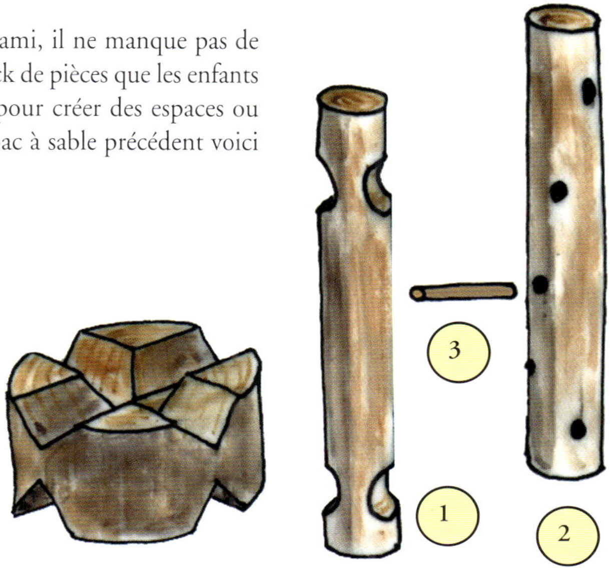

En fonction des sections et des quantités, faire des séries de pièces qui peuvent s'assembler ; dans les exemples dessinés :

- des bûches avec encoches qui s'empilent à angle droit (1). A partir de quatre on peut imaginer la base d'une maison... ou d'une station spatiale ; à huit on a de vrais murs. Au delà, bien vérifier la stabilité et penser à créer une porte.
- des bûches perforées (2) de trous de 3 centimètres de diamètre et des tasseaux ronds (3) de section légèrement inférieure pour servir de chevilles démontables.
- dans des plots de fort diamètre, des cales dans lesquelles on a creusé des gorges et qui vont servir à empiler les rondins.

Il est évident que tout, ou presque, est utilisable ; des bois de charpente par exemple (morceaux de bastaings, chevrons, liteaux...), mais aussi, pourquoi ne pas intégrer d'autres matériaux, sans oublier de mettre à disposition des enfants quelques clous, un marteau, du fil de fer et quelques ficelles... Il faut bien commencer à bricoler !

De quoi grimper

Grimper, escalader, monter sur quelque chose sont des activités courantes chez les enfants. Pour compléter les possibilités naturelles, arbres rochers ou murs, on peut créer quelques aménagements fabriqués avec du bois et des cordes comme une échelle, un pont de singe, ou mur-toile d'araignée, à condition d'arriver à faire quelques nœuds fiables et adaptés à ce que l'on veut faire.
Sans tomber dans le bricolage avec des bouts de ficelle, c'est un atout, un secours provisoire et providentiel pour le bricoleur. Souvent, on a besoin d'attacher, de suspendre, de maintenir, de serrer, parfois en urgence… Que de colères lorsque le nœud qui doit tenir coulisse ou au contraire est bloqué alors qu'on voudrait le desserrer.

Les nœuds

Le plus simple : **la clé** pour des attaches peu résistantes ou pour faire une surépaisseur sur un cordage, ou encore faire un nœud coulant dont la boucle se resserre avec la tension ; il peut être utilisé aussi pour des blocages (deux demi-clés ou clé complète).

Les nœuds pour créer une boucle non coulissante :

- le nœud de plein-point (ou queue de vache) qui est un nœud simple réalisé avec une corde en double ; il est difficile à desserrer s'il a subi de fortes tractions,

- le nœud de chaise, plus facile à dénouer, fiable à condition de l'avoir bien fait (dans le cas contraire il peut devenir coulissant).

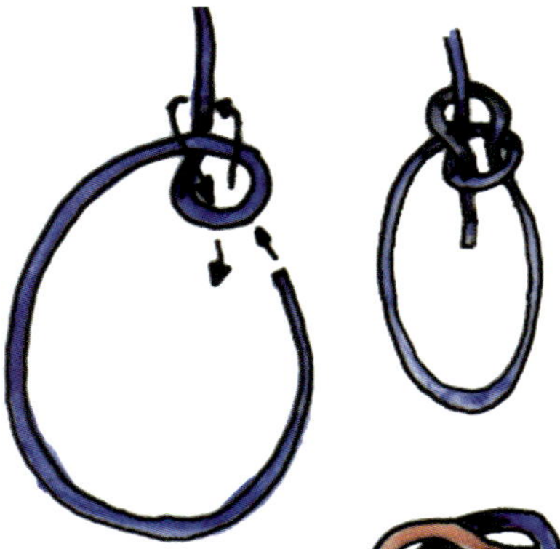

Les nœuds pour rabouter deux cordages

- le nœud plat si les cordages sont de même texture et section

- le nœud de pêcheur pour des cordages différents

- le nœud de sangle pour des cordages plats (faire un nœud simple avec un des cordages ; avec l'autre, suivre le cheminement inverse en partant du côté du petit brin).

Les nœuds pour attacher autour d'un poteau, d'un arbre…

- le nœud de cabestan
tourner toujours dans le même sens

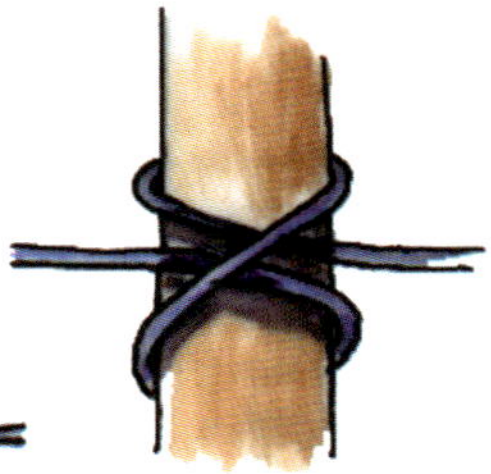

- le blocage avec une clé

- le blocage avec deux demi-clés.

Le choix des cordes

La majorité des cordes vendues dans le commerce sont synthétiques ; il s'en trouve encore quelques-unes en fibres naturelles. Les résistances sont indiquées et il faut en tenir compte et choisir une section appropriée, en sachant que la rupture d'une corde est plus souvent due à une usure (par frottement, par exposition au soleil…) ou à un accident mécanique antérieur (écrasement, chute d'objet tranchant…) ; parfois aussi au fait qu'on a des cordes à tout faire et que la première venue n'est pas forcément la meilleure.
Pour des jeux d'enfants, choisir des cordes peu agressives, surtout pour des jeux où ils risquent de glisser ; ce sont donc des cordes à fibres souples et si possibles gainées

Fabriquer une échelle de corde

Les tasseaux formant les barreaux sont percés latéralement ; la corde est nouée au-dessus et en-dessous (clé simple).
Le haut est formé par deux brins libres qui seront noués pour accrocher l'échelle. On peut aussi la fabriquer avec une seule corde qui est pliée en eux en haut ; l'accrochage se fait sur le pli ou sur un nœud « queue de vache »

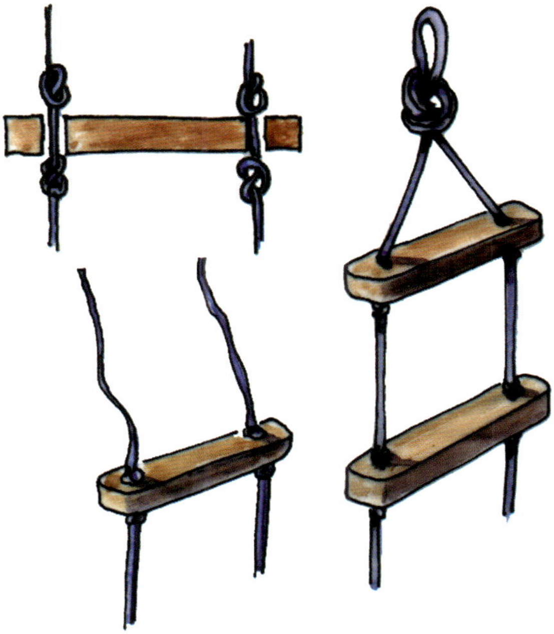

Fabriquer un pont de singe

Il s'agit de tendre plus ou moins fortement des cordes entre deux arbres ou autres supports (poteaux, murs…) en vérifiant bien évidemment la solidité de l'ensemble. La tension peut être faite par un système de mouflage ou de palan en passant une corde en anneaux ; il y a des résistances et des risques d'usure dus aux frottements, mais, pour une utilisation limitée et temporaire, c'est efficace ! Pour des utilisations plus intensives, il vaut mieux fabriquer un vrai palan avec 4 ou 6 poulies (voir chapitre « outils »).

Le pont, façon tyrolienne est constitué d'une seule corde sur laquelle on rampe ou sous laquelle on est suspendu. Un autre, plus évolué, est formé de deux cordes superposées, l'une pour les pieds, l'autre pour les mains. Enfin le grand luxe : trois cordes, une inférieure pour les pieds et deux supérieures au même niveau pour les mains.
Si l'accrochage des jeux est fait sur des arbres, il faut penser à les protéger des blessures et frottements provoqués par les cordes qui ne doivent pas être en contact direct avec l'écorce. Le plus simple est d'interposer, entre la corde et l'écorce, des planchettes (1) isolées par du caoutchouc (chambre à air de voiture) ou de la mousse (2).

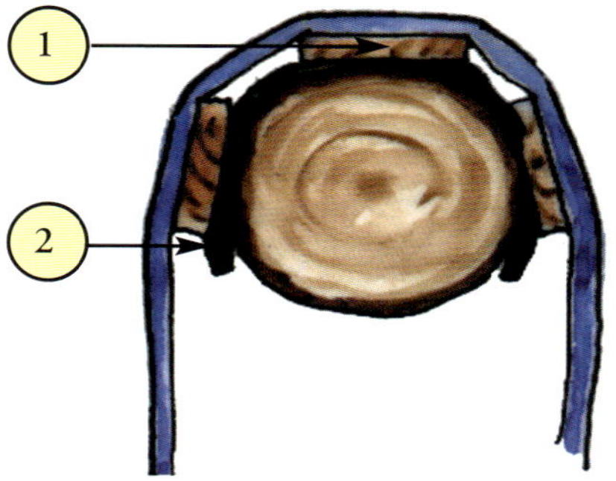

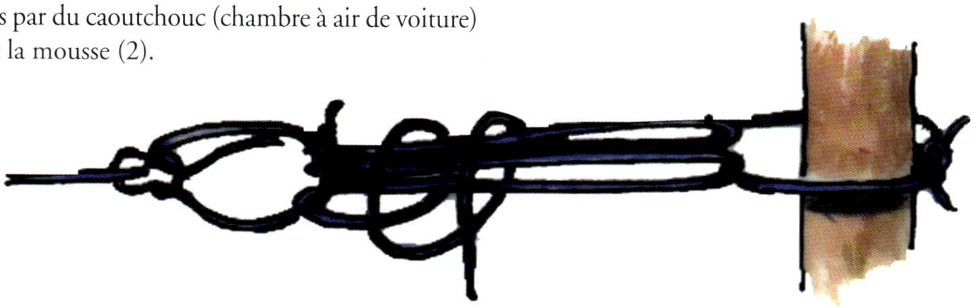

Pour les aventuriers, le pont de singe peut se transformer en téléphérique : il suffit de placer sur la corde une poulie du type poulie de chantier qui sert à monter les matériaux. Cependant, prendre quelques précautions pour la sécurité : la pente ne doit pas être trop accentuée de même que la tension car en fin de course la poulie doit freiner en remontant (pas de cable tendu entre deux murs, sinon l'arrivée risque d'être heurtée !). Il est nécessaire de faire des tests en commençant les descentes près de l'arrivée et, petit à petit, partir de plus en plus haut. En cas d'arrivée trop rapide, il faut détendre la corde.

Un mur-toile d'araignée

Filet géant accroché sur un chevron ou sur un cordage de grosse section ou encore un cable métallique. Le tout est suspendu entre deux arbres ou poteaux… Les cordes utilisées sont de grosse section pour ne pas blesser (1,5 ou 2 cm). Les nœuds utilisés sont des nœuds plats sur les quatre côtés et des nœuds anglais au milieu.

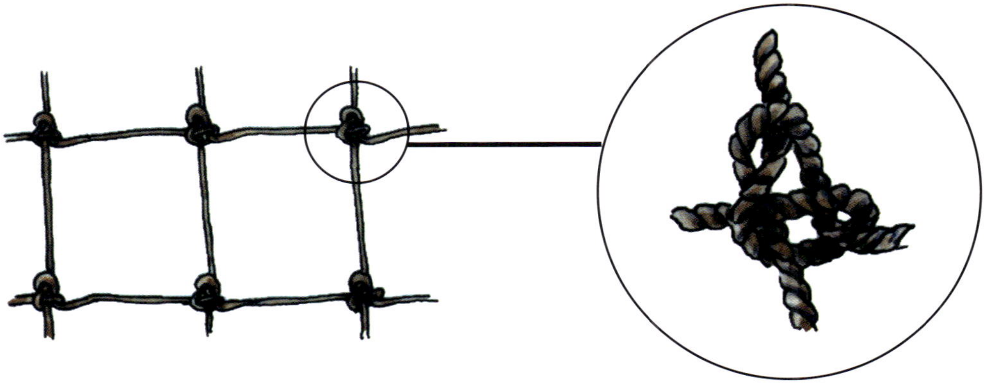

Des prises artificielles d'escalade

On peut équiper un mur sans aspérités ; il faut savoir que les chaussures laissent des marques qu'il faudra nettoyer de temps en temps ou qui nécessiteront un peu de peinture. Il existe des structures artificielles d'escalade ; il ne s'agit pas ici de créer une telle installation, mais simplement un lieu où les enfants (ou d'autres) n'ont pas les pieds au sol, tout en évitant tout risque de chute grave. Pour cela, l'implantation des prises se fait à faible hauteur pour cheminer en travers, à peu près à l'horizontale : maximum 1 m pour les pieds et 2 m à 2,50 m pour les mains (on peut créer des difficultés au ras du sol). Si on veut faire une structure plus haute, il faut impérativement connaître les manœuvres de sécurité et utiliser le matériel adéquat (cordes d'escalade, baudriers mousquetons, anneaux scellés…).

Les prises peuvent être de différents matériaux ; elles doivent présenter des méplats plus ou moins prononcés, des trous, des encoches, des fissures… Elles sont scellées ou vissées dans le mur. Penser à l'usure, elles finissent par s'arrondir.

Si l'esthétique du mur aménagé n'en souffre pas trop, on place les points de fixation des prises (chevilles filetées) selon un quadrillage qui permet de temps en temps de modifier leur emplacement.

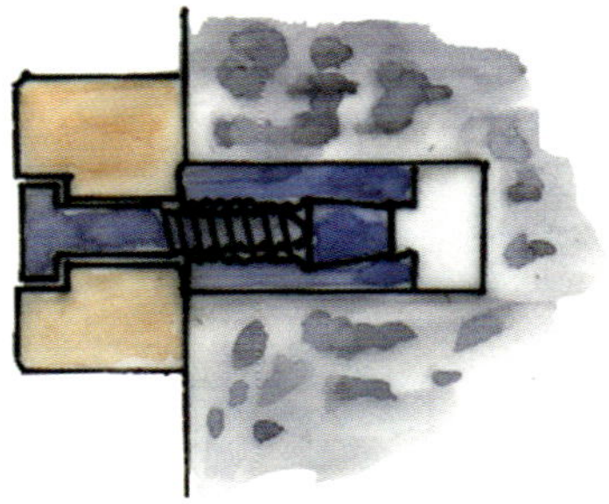

JARDINIÈRES FIXES

Il s'agit de délimiter un massif, en surélevant le niveau de la terre.
Les bords sont des murs ou murets maçonnés, en pierres sèches (se reporter au chapitre sur les murs), en bois, rondins debout ou en long...
Lorsqu'on n'est pas limité par la place, on peut profiter de la construction d'un muret pour le bâtir avec une base très large et construire un bac sur le dessus.
Il ne faut jamais faire des bacs étanches, mais au contraire prévoir des écoulements pour éviter que les racines des végétaux baignent dans de l'eau stagnante.

Une jardinière en rondins

L'exemple du dessin ci-dessus ne demande pas beaucoup d'explications pour sa réalisation :

- tracer le contour extérieur du bac, et le creuser. Si la terre est meuble et de bonne qualité, on peut ne creuser que la tranchée où seront plantés les rondins ; si ce n'est pas le cas, décaper l'espace de plantation qui sera remblayé avec une terre plus riche.
- découper les rondins ; ils peuvent être de longueurs différentes pour pouvoir créer un relief de terre. Choisir du bois traité contre le pourrissement (demander cependant si il n'y a pas de contre-indication pour des plantations). A la place de rondins, mais cela devient difficile de s'en procurer, on peut utiliser des traverses de chemin de fer ; attention aux scies, il y a souvent des morceaux de métal ou des cailloux.
- les répartir sur le pourtour et les mettre au niveau voulu,
- remblayer, tasser.

À vous de composer des contours libres ; il faut cependant éviter les surfaces trop complexes et les remplacer plutôt par un agencement de plusieurs bacs aux formes simples, à des niveaux différents et peut-être avec des matériaux différents.

JARDINIÈRES MOBILES

Deux utilisations de jardinières : celles où l'on plante directement les végétaux et celles qui servent de cache-pot où l'on met des plantes en conteneur que l'on peut changer souvent. Elles peuvent être posées au sol pour les volumes importants, accrochées au mur, sur une rambarde ou encore être placées sur les appuis de fenêtre.
Comme dans toute fabrication personnelle, l'intérêt est de pouvoir adapter les dimensions à la fonction et à l'espace réservés. Il est proposé ci-dessous trois types, plus quelques variantes possibles.

La jardinière légo

La dimension de base est un cube de 30 centimètres de côté, constitué de bandes de bois qui s'encastrent à mi-bois, sur chant à la façon des anciens chalets montagnards.

Pour augmenter la hauteur de 10 cm, il faut ajouter quatre bandes entières. Les côtés peuvent être agrandis, cependant, pour de grandes dimensions utiliser un contreplaqué plus épais (ou des planches).

Les matériaux

Contreplaqué 10mm :

- 12 fois 30 X 10 cm
- 1 fois 22 X 22 cm

Tasseaux 15 X 15 mm

- 4 fois 2 0 cm

Vis - 8 de 4 X 20 mm

Produit hydrofuge

Polyane 1 m²

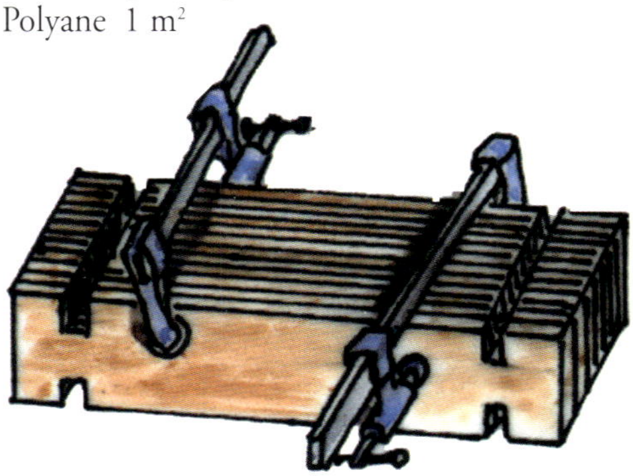

Serrer les 10 bandes avec 2 serre-joints

Tracer les encoches

Scier sur chant l'ensemble des bandes pour faire 4 fentes de 1 X 2,5 cm

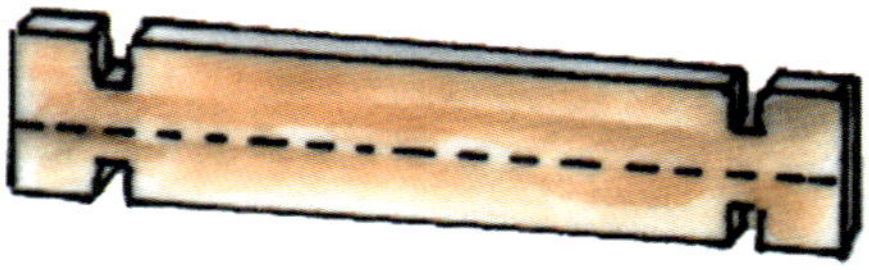

Scier deux bandes dans le sens de la longueur

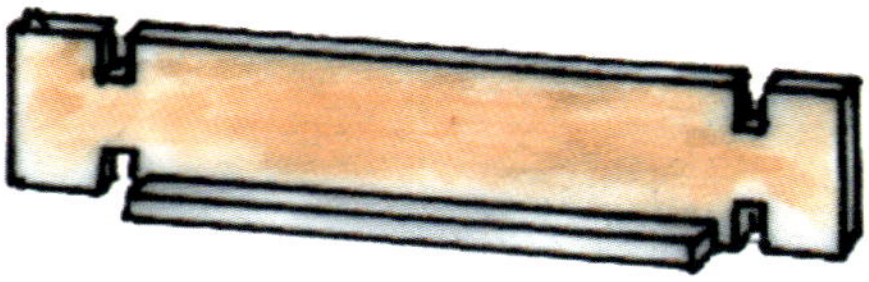

Sur 2 demi-bandes et sur 2 bandes entières visser les tasseaux entre les encoches (faire des avant-trous dans les bandes)

Passer le produit hydrofuge sur l'ensemble des pièces

Un enfant de 3 ans peut terminer l'œuvre en assemblant le tout par emboîtement des pièces :

Première rangée du bas et dernière du haut :

2 côtés ont une demi-bande

2 côtés ont une bande entière

Encastrer la plaque du fond qui vient reposer sur les tasseaux après avoir percé trois trous pour l'écoulement du surplus d'eau.

Si l'hydrofuge n'a pas été passé, ou pour plus de sécurité, doubler l'intérieur en agrafant une feuille de polyane à 1 cm du bord supérieur. Percer 3 trous correspondant à ceux du fond.

Remplir le fond de 5 cm de gravier puis de terre pour faire la plantation.

Une jardinière de taille moyenne

Longueur : 70 cm, largeur : 15 cm, hauteur : 15 cm.

Les matériaux

- planches de 2 cm d'épaisseur :

côtés : 2 fois 20 X 15 cm
longueur : 2 fois 66 X 15 cm
fond : 1 fois 66 X 11 cm

- tasseaux carrés de 2 cm de côté

pieds : 2 fois 15 cm

Vis à bois - clous - colle - feuille plastique.

Si l'on a plusieurs unités à construire sur le même modèle, travailler avec des planches mises à la bonne largeur pour découper en série les côtés et le longueurs avant et arrière (ici 15 cm) et les fonds (ici 11 cm).

Ordre d'assemblage

Sur le fond on cloue les pieds puis on colle et cloue les deux longueurs et enfin les deux joues de côté qui servent d'équerre pour l'ensemble, ce qui est important surtout sur les modèles accrochés au murs. Les clous sont plantés en biais pour être « inarrachables ».

Modifications selon l'utilisation

Pour les jardinières étant destinées à être accrochées sur un mur ou placées sur un appui de fenêtre, il est préférable d'augmenter la hauteur de la planche arrière qui retiendra les éclaboussures lors des arrosages. Cette surélévation peut être découpée de façon décorative.

Pour celles qui sont sur un appui de fenêtre, les pieds doivent compenser la pente de cet appui (s'il n'y en a pas... faites en une car vous risquez d'avoir quelques problèmes d'infiltration). La mesurer et raboter ou scier les tasseaux servant de supports ; les essayer avant de les fixer.

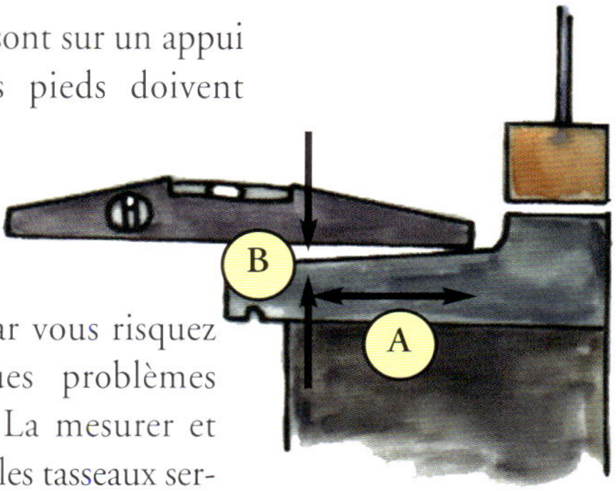

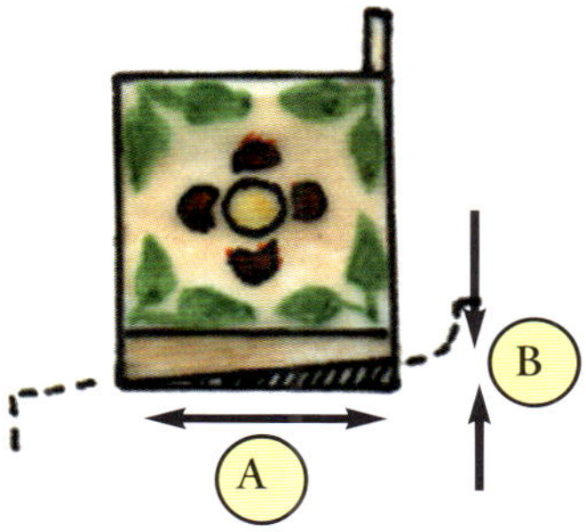

Finition

Grand choix possible de finitions ; le bois doit être protégé par un imperméabilisant au pinceau ou par trempage (voir « traitement des bois »). Le veinage du bois peut rester apparent avec des lasures incolores ou aux teintes de différentes essences de bois ou colorées. Elles peuvent être encore peintes ; utiliser dans ce cas des peintures résistant bien à l'humidité, ce qui n'empêche pas d'imperméabiliser le bois ; cela laisse libre cours à la créativité de chacun : peinture unie ou bien avec décor, ligne ou motif répétitif au pochoir...(voir ci-dessous « pots et habillages »).

Et pourquoi pas une petite sculpture ?

Dans le cadre de ce livre, voici une proposition pour personnaliser une jardinière : elle reste simple avec un outillage de base de un ou deux ciseaux à bois ainsi que d'une gouge. Pour ceux qui veulent aller au delà, il faudra un matériel plus complet aux noms plus exotiques les uns que les autres, tels que « tarabiscot », « bêchette », « macaroni » ou encore « flutaroni »... Choisir un dessin ; pour un début, éviter les courbes. Par exemple une étoile avec peu de branches (quatre ou cinq) semble tout indiquée ; à la rigueur on peut l'inscrire dans un cercle frappé au poinçon (empreintes rondes faites à l'aide d'un tube de métal par exemple... ou d'un vrai poinçon!) comme sur le dessin de début de chapitre.

Tracer sur le bois. Commencer à creuser près de l'axe des branches en alternant les coups de ciseau de chaque côté. Quand la gorge triangulaire étroite est à la bonne profondeur, l'évaser jusqu'au bord du tracé.
Pendant le creusement, bien observer le fil du bois ; l'outil doit pénétrer sans soulever les fibres, en faisant des mouvements qui se rapprochent de leur axe. Il faut s'y reprendre dans quatre sens différents, par exemple, pour creuser un cercle.

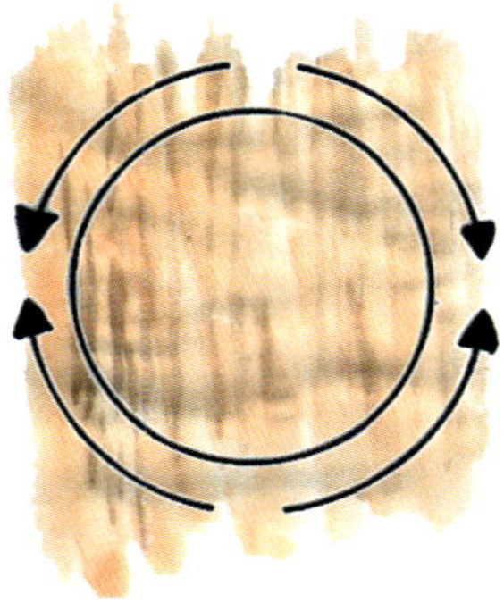

Une jardinière de plus grand volume

Cette jardinière est faite de planches vissées sur des tasseaux de forte section, à l'intérieur des angles, formant les pieds.
Dimensions intérieures : longueur : 70 cm, largeur : 40 cm, hauteur : 40 cm.

Les matériaux

- planches de 2 ,7 cm d'épaisseur et 10 cm de hauteur :
  - côtés - 8 de 40 cm
  - - 8 de 80 cm
  - fond - 7 de 40 cm
- tasseau carré de 5 cm de côté :
  - pieds - 4 de 50 cm
- tasseau carré de 2,7 cm de côté (supports du fond) :
  - - 2 de 30 cm
  - - 2 de 60 cm
- vis à bois - clous - colle - feuille plastique.

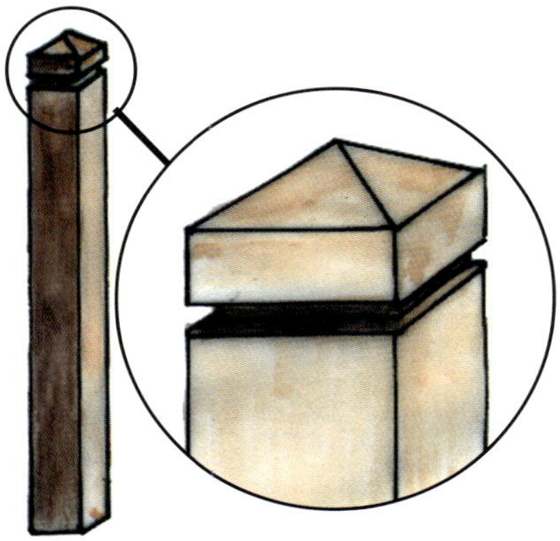

Débit des pieds

Ils peuvent être coupés au ras de la planche supérieure ; on peut aussi les laisser dépasser de quelques centimètres et les découper en pointe de diamant soulignée par une petite rainure

Assemblage

Certaines opérations ont été décrites pour la réalisation des deux autres jardinières ; leur description sera succincte.

On commence par fixer sur les planches du bas le tasseau qui maintient le fond en réservant la place des pieds

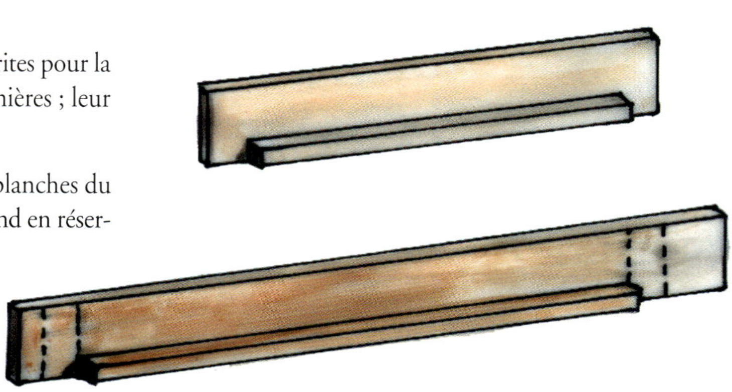

Ensuite on assemble les petits panneaux : planches de 50 cm sur les pieds (en bout de planche) et enfin les grands côtés. Toutes les vis sont décalées :

a = 15 mm
b = 35 mm
c = 50 mm
d = 65 mm

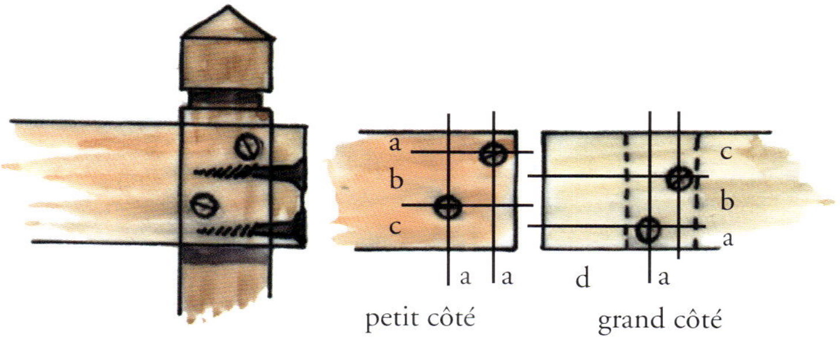

Il reste à poser les planches formant le fond sur les tasseaux. Celles qui sont contre les petits côtés doivent être découpées dans deux angles pour le passage des pieds.

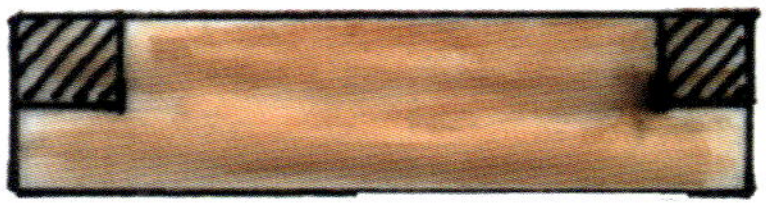

LES POTS ET LES HABILLAGES

Exceptés ceux que nous venons de voir, il s'agit de tous les récipients pouvant contenir de la terre pour y faire des plantations... L'énumération risque d'être longue et non exhaustive, il suffit de se promener pour mesurer le degré d'imagination des jardiniers pour utiliser, et surtout détourner, des objets... pour le meilleur et pour le pire parfois !
Les jardineries et magasins de bricolage ont des rayons de plus en plus vastes : pots en terre, en plastique, en béton, en bois, en carton et fil de fer... de toutes formes et tous volumes. Ce chapitre est consacré à quelques exemples de personnalisation, en particulier aux possibilités de décoration : peinture, collage de mosaïque, habillage en bois en dehors des jardinières précédentes...

La mosaïque

Il est possible sur n'importe quel support de coller des morceaux de carreau en céramique ; pourquoi s'en priver ? Le pot quelconque dont on ne sait que faire devient une œuvre ! Un travail en mosaïque est proposé pour recouvrir une table basse (début du chapitre) ; on peut reprendre la technique qui consiste à réaliser le motif ou dessin en collant provisoirement les morceaux sur un papier (dans ce cas il faut le faire à l'envers en utilisant de la colle à papier peint) ou sur un tulle qui sera noyé dans le ciment-colle. Ceci est possible pour des surfaces planes ou cylindriques ; pour des formes qui s'évasent ou se rétrécissent on revient au collage morceau par morceau. Plus les courbes seront irrégulières, plus les découpes seront petites pour les épouser et ne pas former des angles vifs.

Si l'on craint d'avoir des talents de création restreints, on peut réaliser un vrai-faux motif. Il suffit de casser un carreau décoré (ou plusieurs) du commerce et de le reconstituer en espaçant les morceaux.

Le choix des carreaux est important. Pour plus de facilité de pose, il vaut mieux qu'ils soient tous de la même épaisseur ; la palette de couleurs peut être enrichie de morceaux peints ou même composée uniquement de carreaux blancs peints après la pose ; c'est considéré comme tricherie par les puristes mais seul le résultat compte.

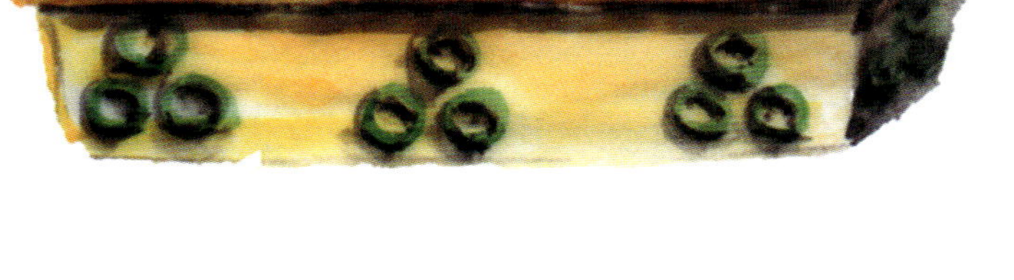

Ne pas oublier que des joints colorés peuvent renforcer (couleurs vives contigües) ou au contraire adoucir l'ensemble (tons sur tons).
En utilisant la même technique de collage, on peut remplacer les morceaux de carreaux par d'autres éléments : pâte de verre, morceaux de bois peints (anneaux, buchettes...)

La peinture

Laisser libre cours à son imagination... ou copier ce qui plait. Selon le matériau du récipient à décorer, enduire d'une sous couche qui sert de base et d'accrochage à celle du décor. On peut dessiner, on peut écrire, tracer des lignes droites ou courbes, on peut peindre au pinceau, au pochoir, au pistolet, à l'éponge, avec de la peinture, du ciment pigmenté, réinventer l'imprimerie avec un morceau de pomme de terre ou de gomme, gratter, poncer, limer, rayer... sans oublier des techniques mixtes avec des collages vus précédemment ou avec des pâtes durcissantes à mouler ou à sculpter (vendues en magasin de travaux manuels artistiques).

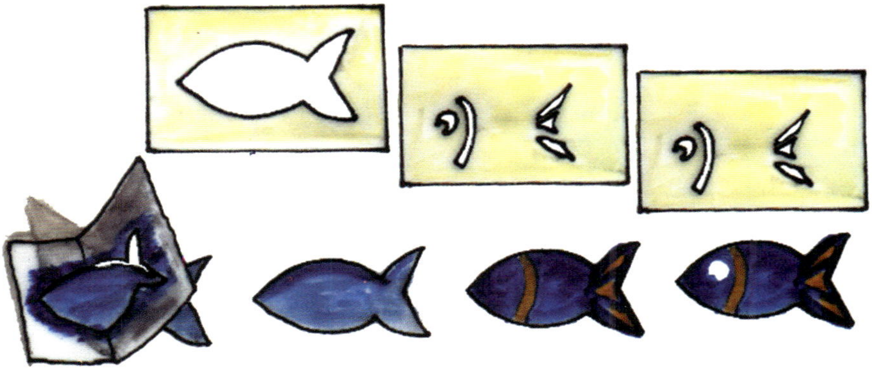

Dessiner la forme choisie sur un papier résistant et assez souple pour épouser la forme du support, papier plastifié par exemple ; l'appuyer fortement sur le support pour que la peinture ne bave pas sous le pochoir en le scotchant ou mieux, en utilisant une colle «repositionnable» en bombe (colle prévue pour des montages successifs de photos).
Pour un même dessin, on peut confectionner plusieurs pochoirs, correspondant chacun à une couche (bleu puis orange et enfin blanc).

Les caches

Si l'on ne veut pas peindre ou décorer tous les pots on peut, sur un rebord de fenêtre, par exemple, les masquer. Il faut remarquer que certains pots en terre cuite ont beaucoup de charme et qu'il n'est pas nécessaire de tous les peindre ou les cacher !

Avec des lattes de 5 cm de largeur et 1 cm d'épaisseur, faire une sorte de barrière : sur une traverse horizontale de la largeur de la fenêtre sont clouées des lattes verticales. Le maintien est simple : des équerres fixées à l'arrière de cette mini-barrière, pour qu'elles ne soient pas visibles, sont calées sous les pots de fleurs. On peut décliner les modèles et changer totalement l'aspect : direction des lattes (horizontales, inclinées, croisées), matière des lattes (bois brut avec son écorce, bois peint mais aussi métal...). Cela peut être un panneau plein imitant un avant de jardinière comme une de celles décrites précédemment... L'imagination doit régner.

Les suspensions

De plus en plus souvent les décorations florales intègrent des plantes en pots suspendus ou accrochés à un mur ou à un poteau. Certaines plantes retombent et forment des cascades de fleurs, d'autres laissent apparents le récipient et son système de fixation qui ne sont donc pas négliger. Nous ne reviendrons pas sur les moyens de décorer ou masquer des pots. Il est proposé de personnaliser le système de suspension en fixant, sur une équerre du commerce (ou en la fabriquant), un décor découpé dans du contreplaqué et peint. Il peut ressembler à une enseigne et avoir la forme d'une silhouette d'une seule couleur sombre, ou bien être peint à la manière d'un tableau.

Les motifs

S' il y a plusieurs accrochages à réaliser il est intéressant qu'ils forment une unité (représentation, style, taille...). Choisir un thème et essayer de le décliner ; l'aide de revues d'aménagement de maison, des motifs de papiers décoratifs peuvent servir de base. Des exemples ci-dessous de modèles dessinés sur papier millimétré pour une reproduction au carreau (de 1 cm de côté sur le modèle, les carreaux seront de 2, 3 ou 4 cm pour la reproduction sur le bois à découper).

La fixation

Divers systèmes d'accrochage sont possibles :
Sur le mur ou le poteau, prévoir des vis et des chevilles suffisamment dimensionnées et surtout adaptées à la qualité d'ancrage.

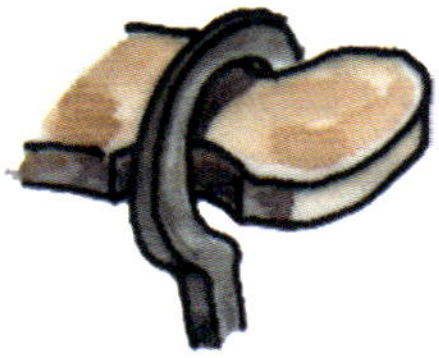

Encoche dans le support

Encoche et anneau

Trou dans le support

Dans des murs en briques creuses ou avec un enduit friable, il vaut mieux prévoir un scellement ou l'utilisation de chevilles dites «chimiques» qui ont une réserve de résine synthétique qui s'expanse et durcit à l'intérieur du matériau.

UNE NICHE POUR CHIEN

Résidence secondaire pour le jour ou habitation principale du chien, elle doit assurer un minimum de confort : espace suffisant, bonne isolation contre le froid et le chaud, facilité d'accès pour le nettoyage.
Les dimensions sont adaptées à la taille de l'animal :

- ouverture : le chien doit pouvoir entrer en inclinant légèrement la tête,
- volume intérieur : doit permettre au chien de s'étendre de tout son long et se retourner mais pas plus. Les dimensions données en exemple sont prévues pour un chien moyen à grand.

La meilleure lutte contre les écarts importants de température consiste à placer la niche dans la bonne exposition : à l'ombre l'été et à l'abri du vent dominant l'hiver. L'isolation des parois et du toit est assurée par l'épaisseur des planches (pour notre exemple contreplaqué de 15 mm) et si l'on craint des températures très basses par une double paroi en clouant à l'intérieur, sur les tasseaux, des paneaux de contreplaqué de 5 mm aux dimensions adaptées ; celle du sol par un plancher surélevé. L'excès de chaleur est combattu par une bonne ventilation (aérations hautes). L'hiver la « porte » est constituée d'un panneau de tissu épais (morceau de couverture par exemple).
Le nettoyage est facilité par un toit amovible. La propreté intérieure est améliorée si le devant de la niche est lui-même propre : dalle cimentée ou caillebottis en bois.

Débits

	Largeur	Longueur	Nombre
Panneaux : contreplaqué de 1, 5 cm			
Côtés	70	90	2
Façades	70	90	2
Toit	35	100	2
Sol	50	90	1
Tasseaux : 3 x 3 cmm			
Côtés	Verticaux	70	4
Côtés	Horizontaux	84	4
Façades	Horizontaux	44	4
Toit	Horizontaux	90	3
	Façade biais	30	4
	Façades	50	2

Il est possible de réaliser les panneaux en planches en les clouant sur des tasseaux pour faire un bardage comme il est décrit dans le chapitre sur la construction d'un abri. Le toit peut être traité de la même façon ; les planches bien rabotées, poncées et imperméabilisées pour faciliter l'écoulement de l'eau, seront assemblées comme des tuiles.

Les deux panneaux constituant la façade avant ont des découpes particulières : celui du bas, l'ouverture de la porte et celui du haut, si nécessaire, une ouie pour l'aération haute.

Mise en place des tasseaux

Il sont collés et cloués comme il est indiqué sur le schéma.

Assemblage

Commencer par réunir les parois (côtés et façades).
Si la niche est conçue pour être démontable, les parois seront boulonnées entre elles (boulons à bois avec la tête ronde à l'extérieur).
Dans le cas contraire, l'assemblage des différents panneaux est fait par collage et clouage.

Obturation de l'aération haute

Petit volet coulissant dans des guides construits avec deux chutes de tasseaux rabotés ou poncés à 17 ou 18 mm d'épaisseur et deux bandes de contreplaqué récupérées dans la découpe de la porte.

La plaque d'identité du chien, elle aussi, est débitée dans la partie enlevée de la porte.

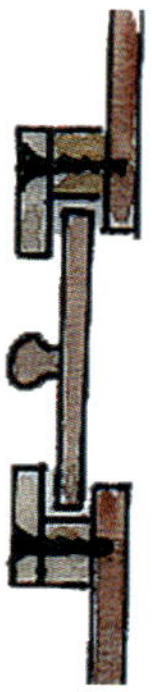

NICHOIRS ET MANGEOIRES

Les animaux en milieu naturel construisent ou utilisent un espace approprié pour s'y abriter, s'y reposer, s'y reproduire. En milieu urbain ou qui a été aménagé, malgré la faculté étonnante d'adaptation de certaines espèces, il leur est parfois difficile de se fixer. On peut les aider en leur réservant des endroits où ils se retrouveront en sécurité (calme, abrités des importuns - y compris humains - et des intempéries).
Pour la plupart ces abris seront discrets, voire cachés. Tout en respectant l'aspect utilitaire on peut en profiter pour réaliser une construction esthétique. En plus de la bonne conscience écologique cela permet, pour des raisons bassement matérielles, d'essayer de réserver certains endroits à des animaux qui bien que charmants apportent quelques nuisances telles que des salissures.

Qui abriter ?

Généralement on pense aux oiseaux rencontrés couramment et habitués aux hommes tels que les moineaux et les mésanges. Pourquoi ne pas essayer avec des espèces qui vivent près de nous beaucoup plus discrètement comme les chauve-souris ou les chouettes mais aussi installer des caches pour les lézards - ou les tarentes dans le midi -et même pour des insectes... En ce qui concerne les rongeurs, leurs vilains défauts provoquent souvent des dégâts ; pour certains il vaut mieux les éloigner de la maison ou du jardin en leur rendant la vie difficile... Des voisins seront peut-être plus accueillants.

Où abriter ?

L'emplacement devra correspondre le mieux possible au mode de vie de l'animal que l'on veut héberger : arbre, pan de mur, façade de maison, cave... Éviter en premier lieu que l'hôte soit dérangé et donc ne pas faciliter la tâche des prédateurs.
Il sera nécessaire d'être patient pour que les logements offerts soient occupés ; peut-être faudra-t-il changer le lieu de l'abri ou modifier l'aspect : les animaux ne sont pas forcément de grands amateurs d'abris aux couleurs fluorescentes ou en verre.

Un nichoir « boîte aux lettres » ou à balcon

Le modèle à balcon, à peine plus délicat à réaliser, est préférable car il forme une chicane qui interdit aux prédateurs, tels que les chats, de venir se servir et empêche la pluie de pénétrer.
La façade, quelle que soit la finition et l'aspect que l'on veut obtenir doit, comme l'intérieur, être légèrement rugueuse pour permettre aux oiseaux de s'accrocher ; inutile de prévoir un perchoir à l'entrée, cela pourrait servir d'appui pour un importun.

Dimensions

Les petits oiseaux sont les moineaux, les mésanges…, les moyens sont ceux de la taille des étourneaux, des merles, des martinets…, les gros sont les chouettes.

Ces dimensions sont données pour l'utilisation de bois d'une épaisseur de 2 cm et pour des petits oiseaux. Pour les moyens, ajouter 2 cm à toutes les cotes suivies de (1) ; pour les gros, ajouter 10 cm aux cotes (1) et 5 cm aux cotes (2).

Pour un nichoir « boîte aux lettres » :

	Fond	Arrière	Côté	Toit	Façade haut
L ou L1	13 (1)	17 (1)	13 (1)	19 (1)	17 (1)
L2				21 (1)	
H ou H1		17 (1)	30 (2)		25 (2)
H2		30 (2)	25 (2)		

Pour un nichoir à balcon :

	Fond	Arrière	Côté	Toit	Façade haut	Façade bas	Balcon
L ou L1	13 (1)	17 (1)	13 (1)	19 (1)	17 (1)	17 (1)	13 (1)
L2				21 (1)			5
H ou H1		17 (1)	30 (2)		25 (2)	18	
H2		30 (2)	25 (2)				

Matériaux

Utiliser de préférence du bois massif assez épais (2 cm), cela permet une meilleure isolation.
Dimensions et débits : voir tableau
-Lanières de cuir ou charnière à piano de 1 cm de largeur
- Clous, vis, colle
- Fil de fer ou plaque perforée selon accrochage choisi

Matériel

Scie à main ou scie sauteuse
Perceuse avec scie cloche ou grosse mèche à bois
Râpe à bois
Serre-joints
Traçage

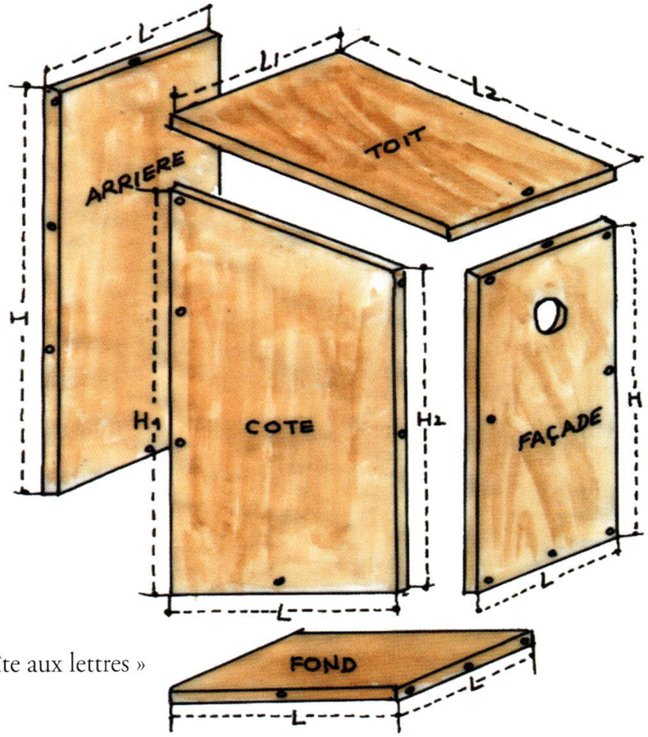

Nichoir « boîte aux lettres »

Diamètre du trou

Il est préférable de réaliser un trou rond pour les petits oiseaux ; il sera ovalisé pour les oiseaux de taille plus importante. Il doit se situer dans la partie haute de la façade (quart supérieur).

Petits oiseaux
2,5 à 3 cm
Oiseaux moyens :
3,5 à 4,5 cm
Gros oiseaux :
7 à 12 cm.

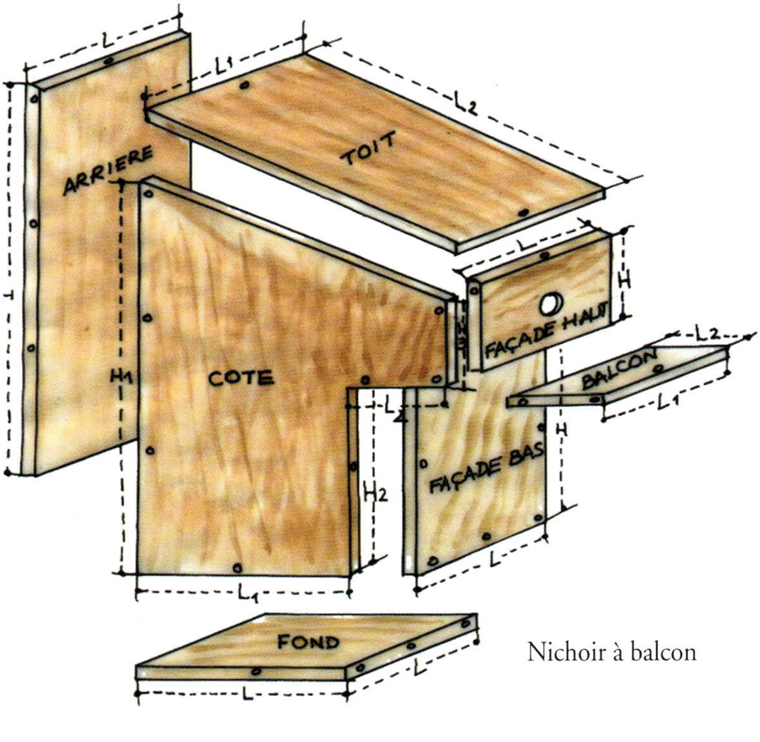

Nichoir à balcon

Un nichoir à chauve-souris

En construisant ou en réparant un mur, même de la maison, dans un endroit peu visible, il est possible de fournir un abri à chauve-souris en intégrant dans la maçonnerie une brique creuse avec les « canons » ouverts vers l'extérieur et en légère pente pour éviter la pénétration de la pluie.
Le même, situé près du sol peut héberger des lézards.

Autres modèles

Tout en respectant les normes indiquées ci-dessus - dimensions, trou, emplacement, isolation…, d'utiliser des matériaux très divers aux formes variées peuvent-être utiliser.
Quelques exemples :

1/2 rondin

pots en terre cuite

tuile romane

Des Mangeoires

Si sur votre terrain il y a des animaux, c'est qu'ils ont trouvé dans les environs de quoi se loger et se nourrir… Vous pouvez les « fidéliser » en les aidant, particulièrement lorsque les conditions sont difficiles (froid, sécheresse…) ; attention, cependant de ne pas menacer leurs artères de cholestérol ou de clouer les oiseaux au sol par une nette surcharge pondérale ! Comme pour les nichoirs il faut adapter la taille et surtout l'accès de la mangeoire aux espèces que l'on désire nourrir.

Ces mangeoires peuvent être conçues pour disposer peu de nourriture et assez souvent comme les restes de repas ou bien avec une réserve que l'on remplit de temps en temps.

Mangeoire « pour miettes »

Matériaux :
- grillage triple torsion grosses maille
- 2 planches en 1,5 cm 20 X20 cm
- 4 tasseaux en 2 X2 cm de 15 cm
- clous, vis
- fil de fer

Mangeoire - perchoir

Matériaux :
réalisation en bambou :

- diam 6 à 8 cm 1 de 30 cm
- diam 1 à 2 cm 2 de 40 cm
2 de 30 cm

à défaut de bambou prendre du tube PVC :

- diam 5 ou 8 cm de 30 cm
- tasseau rond de 1,5 ou 2 cm
- 2 de 40 cm
- 2 de 30 cm
- fil de fer

Mangeoire à réserve

Matériaux :
- Tube PVC
- diam 8 cm : 60 cm
- diam 4 cm : 5 morceaux de 5 cm
- 2 bouchons PVC adaptés au diamètre du tube
- Colle PVC
- tourillons diam 1 cm : 6 de 12 cm
- cordelette ou fil de fer

détail montage

LE COIN TECHNIQUE DU JARDIN

C'est là que se trouvent les aménagements tels que les chassis pour les semis ou les cultures nécessitant une protection rapprochée, le silo à compost pour le recyclage des végétaux taillés ou arrachés et les déchets verts de la cuisine ou un incinérateur et peut-être, à l'écart pour éviter les nuisances… voir en fin de chapitre

CHASSIS ET MINI-SERRE

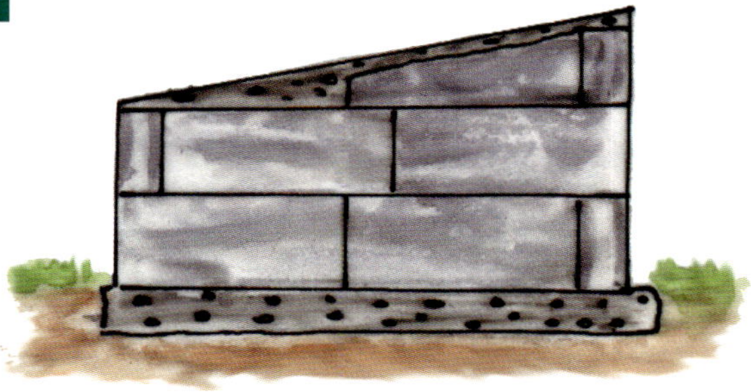

La construction de base est constituée de murs maçonnés et couverte d'un abattant vitré.

Dimensions extérieures :
largeur : 1,10 m
longueur : 2,10 m
hauteur avant : 0,40 m
hauteur arrière 0,60 m
Les extensions de projets peuvent aller jusqu'à la serre complète, appuyée sur un mur ou isolée.

La partie maçonnée

Sur des fondations, quatre murets en parpaings de 10 cm d'épaisseur (quantité : 32), enduits. Deux rangées pour la longueur de devant, trois pour celle de l'arrière.
Les pentes des côtés sont coffrées.
Enduire ces murets :
voir le chapitre « Mortier et béton » (enduit imperméabilisé).

Les chassis classiques

1

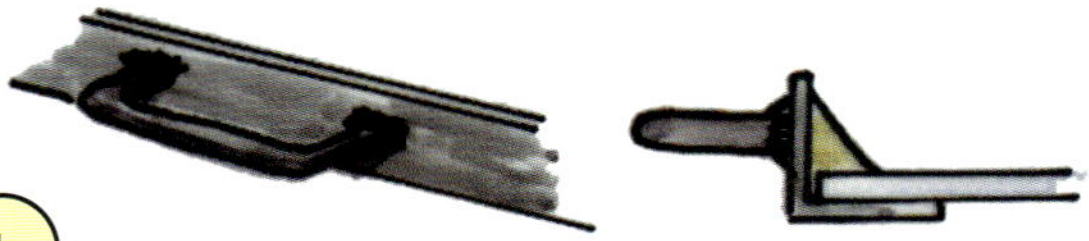

2

Cadres métalliques avec des vitres mastiquées. Il vaut mieux accoler plusieurs chassis étroits qu'un seul très lourd à manœuvrer, (3 de 0,70 X 1 m pour notre exemple). Si l'on n'a pas eu la chance de pouvoir récupérer des vieux cadres métalliques chez le ferrailleur, il faut les construire. Le pliage d'une cornière a été expliqué pour la fabrication d'une petite table carrelée (voir le chapitre « Mobilier »). Il faut ensuite une poignée : fer coudé et soudé (1) ou tige filetée serrée avec des écrous de chaque côté du cadre (2).

Le système de charnières à l'arrière n'a pas besoin d'être très sophistiqué : il doit permettre le pivot du cadre et si besoin de le retirer. Le poids de l'ensemble cadre et verre est assez lourd pour résister au vent.

Ensuite il faut une fixation à l'avant permettant des ouvertures différentes ; le plus simple (et ancien) est une latte en bois creusée d'encoches sur lesquelles vient s'appuyer la poignée.

Pour éviter que de l'eau stagne en partie basse, découper une gorge au milieu du cadre

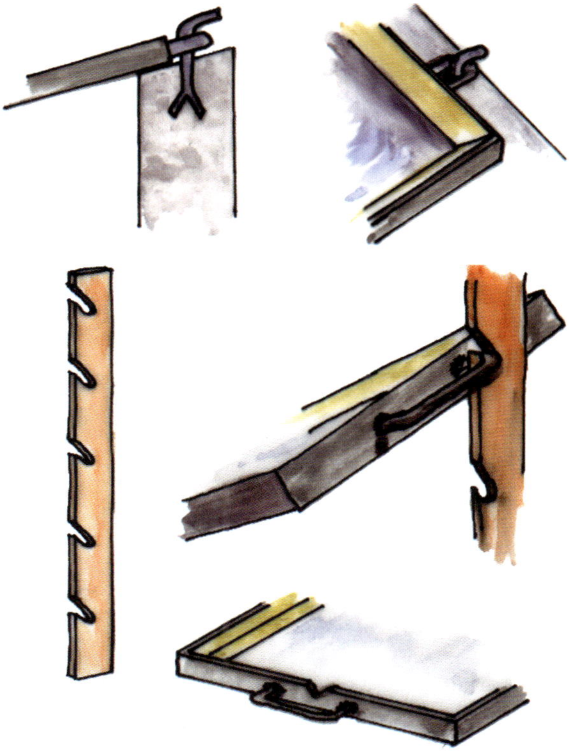

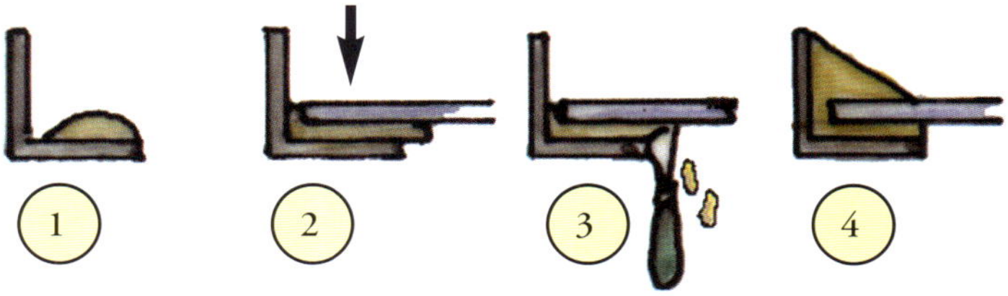

Vitrage et mastic

1 - mettre un bourrelet de mastic sur le cadre,
2 - poser la vitre et appuyer pour écraser le bourrelet,
3 - enlever le surplus,
4 - remplir l'angle de la cornière grossièrement et égaliser avec un couteau de peintre par des mouvements amples en essayant de faire un côté sans interruption. En finition, lisser au doigt en appuyant très légèrement.

Chassis plus modernes et légers

Cadres en aluminium profilé en forme de U et plaques de polycarbonate (matériau de couverture des vérandas).

Le pliage du profilé en aluminium est le même que celui de la cornière en fer. Après avoir scié et retiré un secteur de 90°, juste à l'endroit de l'angle, plier. Faire deux moitiés de cadres.

Leur raccordement est assuré par une petite patte pliée à 90 degrés et rivetée à l'intérieur du profilé (ou vissée avec des vis métal).

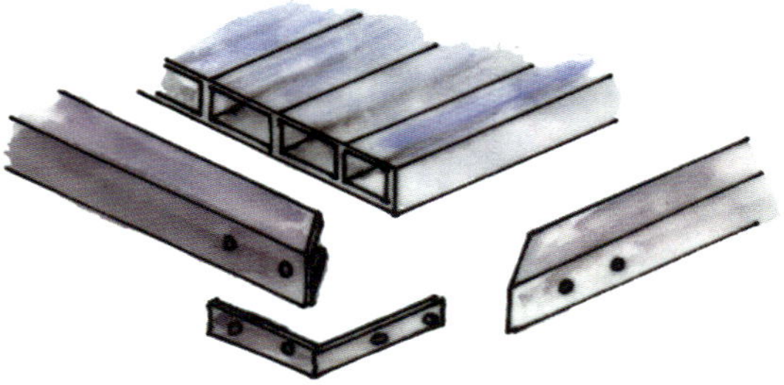

Les pivots à l'arrière sont du même type que ceux décrits ci-dessus : pour chacun, soit une tige filetée cintrée et fixée par écrou et contre-écrou, soit un morceau de profilé découpé dans une chute des cadres et percé puis riveté sous le cadre.

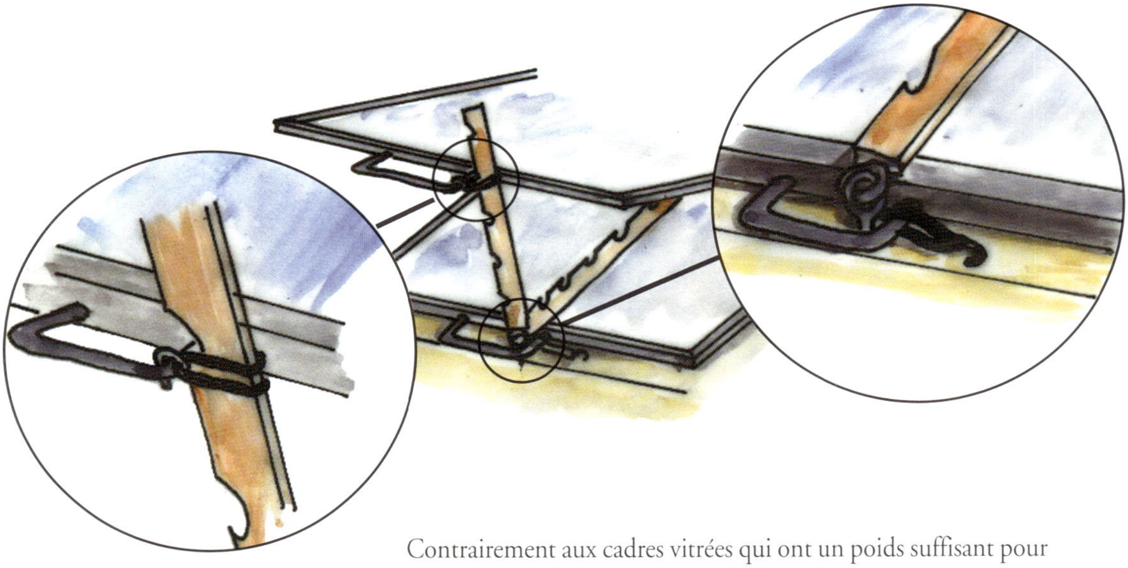

Contrairement aux cadres vitrées qui ont un poids suffisant pour assurer leur stabilité, prévoir un blocage du chassis, surtout lorsqu'il est entrouvert, et particulièrement dans les régions fortement ventées.
La fixation sur le muret par deux pitons fermés emboîtés (l'un des deux est ouvert puis refermé) permet l'articulation de la crémaillère. En position fermée, la crémaillère repose à plat sur le chassis ; en position entrebâillée, la crémaillère est maintenue sur la poignée par un caoutchouc (un morceau de chambre à air de voiture muni d'un crochet convient parfaitement).

La mise en terre

Enlever tous les déchets de construction de l'intérieur. Etaler des cailloux pour constituer une couche drainante puis remplir le fond de terre légère qui sera enrichie au fur et à mesure des plantations et semis.

Et avec une surélévation

« La terre est basse ». Il y a même des jours où elle semble plus basse que d'autres ! Si l'on n'a pas réalisé son rêve creuser les allées du jardin pour travailler sans se plier ou que l'on n'a pas eu le courage de créer son jardin en mini terrasses, lui qui est irrémédiablement plat, c'est l'occasion de rectifier cette erreur de la nature : cette mini-serre peut être bâtie sur des murets d'environ 60 cm de hauteur soutenant une dalle ; le dessous peut servir de rangement, par exemple pour les pots inutilisés. Il faut trente parpaings supplémentaires pour construire les trois murets d'appui.

Pour faire le coffrage du dessous de la dalle deux solutions :

- le coffrage perdu : appuyer sur les murets une plaque de fibrociment qui restera en place après avoir retiré l'étayage
- un coffrage fait de planches qui seront ôtées après séchage complet de la dalle.

Si on n'est pas pressé, les parpaings servant à bâtir la mini-serre elle-même peuvent être utilisés pour étayer le coffrage du dessous de la dalle. Attendre le séchage complet avant de les retirer.

Coffrer le tour de la dalle sur une épaisseur de 7 à 8 centimètres ; pour fixer les planches de coffrage, ne pas hésiter à percer les murets, en faisant attention cependant de ne pas desceller les parpaings ; les trous seront bouchés en faisant l'enduit.

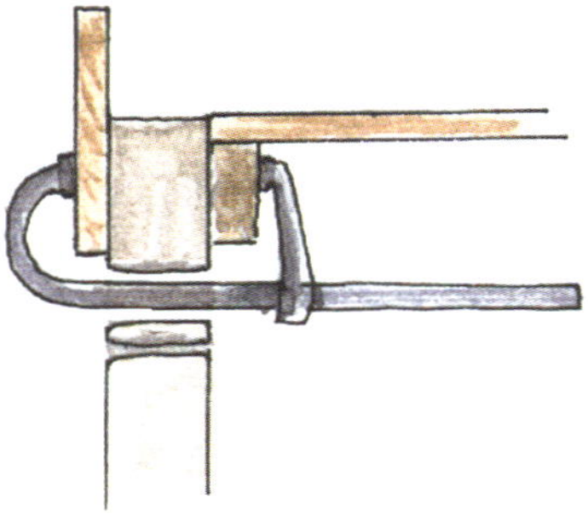

Ferrailler avec du treillis soudé et couler la dalle. Pour éviter que l'eau stagne au fond du bac, après le début de la prise du béton, creuser des petites rigoles convergeant vers deux trous qui seront ouverts dans les murets à l'arrière.
La construction de la serre est la même que celle faite au sol. Il faut juste aménager un écoulement des deux rigoles au fond du bac ; un petit morceau de tuile ronde (1) ou de zinc arrondi (2) permet à l'eau de s'égoutter sans ruisseler le long du mur.

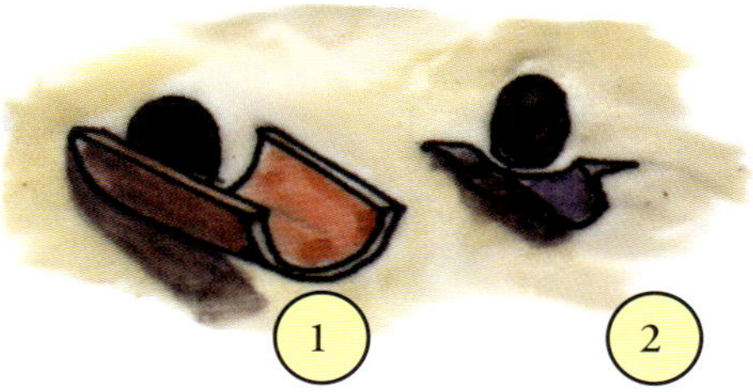

UN SILO À COMPOST

Tous les déchets végétaux peuvent être transformés pour enrichir de nouveau la terre. La décomposition de certains, les débris ligneux par exemple, est plus lente que d'autres « plus humides ». En les stockant tout en les mélangeant avec des couches de terre et en les arrosant, on accélère le processus (il existe même des produits qui accélèrent le pourrissement). Ce qui est stocké ne doit pas être confiné dans un volume fermé et, par exemple, si on utilise un fût, percer des aérations à différents niveaux. Enfin, ces végétaux sont empilés en couches successives au fur et à mesure de leur récupération (épluchages, tontes, désherbages…) ; c'est donc par en dessous que sera extrait ce qui a été transformé.

Il est constitué de quatre parois que l'on peut élever selon les besoins et d'une trappe d'extraction en bas de l'une des faces.

Le cadre du bas est fait de deux hauteurs de planches ; sur un des côtés, celle du bas est otée (1).

Les autres cadres sont faits d'une seule hauteur de planches (2).

Les renforts de coins dépassent en dessous et laissent une fente d'aération entre deux cadres (3).
Il est inutile de fabriquer un silo démesuré. En cas de gros apports, si la législation locale le permet, il est préférable d'incinérer les végétaux et d'intégrer les cendres par la suite.
Pour notre exemple les cadres sont faits de :

- 19 planches de 2,7 cm d'épaisseur, 15 cm de hauteur et 70 cm de longueur.
- 12 renforts d'angle : tasseaux de 5 cm de côté et 17 cm de hauteur
- 4 renforts d'angle : tasseaux de 5 cm de côté et 30 cm de hauteur (cadre du bas) ce qui constitue un silo, lorsque tous les cadres sont empilés, d'environ 70 cm de côté sur 80 cm de haut.

UN INCINÉRATEUR

Deux solutions :

- l'une simple mais à renouveler : un fût que l'on perce de trous d'aération ; il s'oxyde et tombe assez rapidement en ruines.
- l'autre plus durable qui consiste à construire une sorte de petite tour en briques, réfractaires de préférence.

Le fût

L'opération délicate est le découpage du dessus... Cela peut même être dangereux s'il reste des produits ou même simplement des vapeurs de produit inflammable et que l'on travaille avec une disqueuse produisant une grande quantité d'étincelles. En cas de doute, il vaut mieux utiliser un marteau et un burin ; si l'on veut vraiment travailler à la disqueuse ou au chalumeau découpeur, il faut impérativement remplir le fût d'eau (mais là encore, attention à la pollution lorsque l'on rejette cette eau !).
La perforation d'ouies d'aération est simple : (1) avec une broche de maçon (burin pointu), ou méthode plus aléatoire pour la régularité des trous : avec une pioche, ou encore (2) découper des fentes avec la disqueuse.
En plaçant le fût sur des briques, on améliore souvent la combustion.

La construction en briques

La dimension de la réalisation proposée est de 77 cm de côté sur un peu moins de 110 cm de hauteur (104 briques).
Les fondations sont creusées à 10 cm de profondeur sur 15 de largeur en pourtour ; le milieu est décapé de 5 cm.

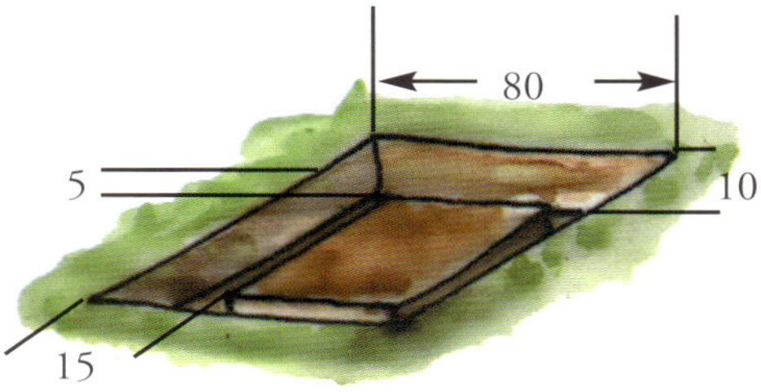

L'assemblage des briques est fait sur chant (face étroite de la brique). La solidité est assurée par le croisement des briques aux angles. Si l'on augmente les dimensions, les assembler comme cela se fait habituellement, c'est à dire à plat.
Les briques sont maçonnées au mortier horizontalement ; par contre, les joints verticaux sont agrandis et laissés vides pour former des aérations, exceptés ceux de la troisième rangée du côté de l'ouverture du cendrier qui forme le linteau.
Pour pouvoir étaler le mortier sur les briques du rang inférieur sans combler le joint vertical, il suffit de se constituer un stock de cales en bois de 2 cm d'épaisseur, 11 de hauteur et 5 de largeur (pour des briques de 5 X 11 X 22 cm). Lorsque le mortier est pris, les chasser en frappant par coups secs avec un morceau de bois plus mince.
La séparation entre le cendrier et le fourneau est fait par des fers ronds qui sont glissés par des trous, sans être scellés ; en se dilatant avec la chaleur, ils risqueraient de fendre la maçonnerie. Quand le mortier est bien sec, percer des trous (diamètre légèrement supérieur à celui des tiges de fer) sur une ligne, tous les 5 centimètres au dessus de la troisième rangée, de chaque côté de l'ouverture du cendrier. Le fait de ne pas sceller les barreaux permet de les changer très facilement ou de les retirer pour bien nettoyer tout l'incinérateur (on peut aussi ne faire des trous que pour deux fers et poser dessus une grille, par l'intérieur).

Dernières précautions importantes

Ne pas faire de feu s'il y a du vent au moment du brûlage. Si l'environnement est sec, poser une grille fine pour éviter que des flamèches embrasent les alentours.

TRUC : *pour étaler facilement le mortier sur une assise de briques (rangée horizontale) sans le faire tomber au pied du mur, on place en général la taloche contre le mur et on applatit le mortier avec la truelle. Il y a souvent des défauts ou des pertes et il n'est pas toujours facile d'avoir une épaisseur régulière ; ceci n'a pas trop d'importance lorqu'on monte des matériaux avec des alvéoles comme des parpaings, par contre, avec des matériaux pleins, il est difficile d'écraser les surépaisseurs et pourtant il faut des joints sans aucun défaut.*

Si on n'a pas encore acquis le coup de main magique, on peut fabriquer un gabarit comme le montre le dessin : de chaque côté deux tasseaux forment un angle et coulissent sur les briques ; ils sont reliés par deux autres tasseaux, formant des poignées dont la dimension est évidemment adaptée à la largeur des éléments à maçonner. La longueur des coulisses peut être augmentée et, par exemple, dans la construction de l'incinérateur mesurer un peu moins d'une soixantaine de centimètres.

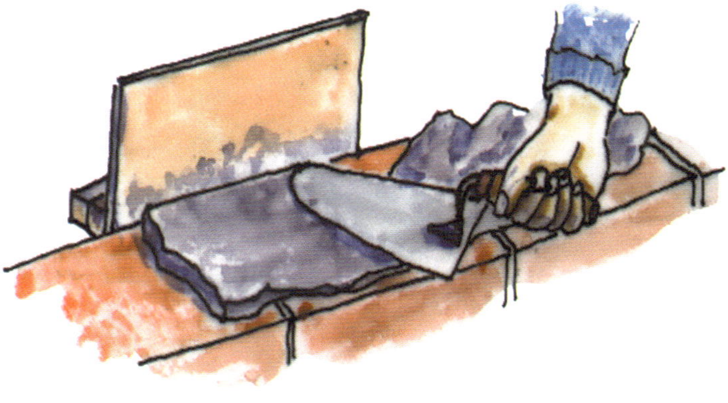

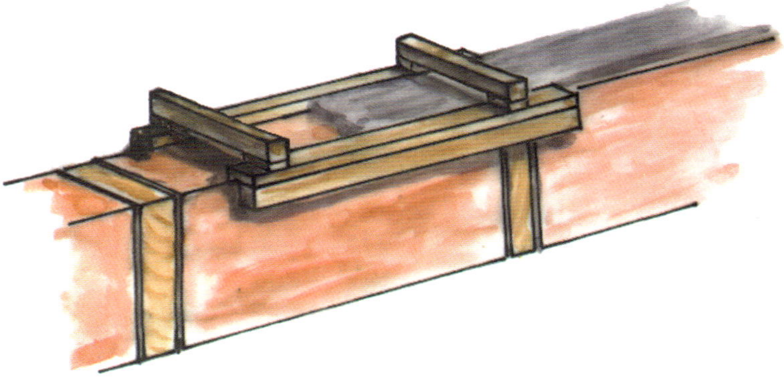

CONSTRUIRE UN HAMAC

Et s'il n'y avait qu'une réalisation à faire parmi toutes celles de ce livre… Ne serait-ce pas celle-ci ? Mais attention, ce n'est pas simple… Avant tout, il faut s'armer de courage pour construire un engin confortable, solide pour ne pas abréger brutalement une sieste réparatrice à cause d'une défaillance matérielle ! Ensuite, et c'est essentiel, trouver le lieu calme, à l'abri du soleil, mais pas trop frais non plus et si possible, afin d'éviter de pénibles travaux pour planter des poteaux, deux arbres accueillants et à bonne distance.

Matériel

Corde : prendre de la corde douce au toucher, tressée plutôt que toronnée, de 3 mm de diamètre. La quantité est d'environ 150 m.
Barreaux de bois : 2 de 6 X 3 cm et 85 cm de longueur

L'armature en bois

Certains hamacs n'en possèdent pas. Les deux barreaux évitent que le filet se referme sur l'occupant. Chanfreiner les arêtes pour les adoucir et les percer de 16 trous de 10 mm de diamètre, espacés de 5 cm et fraisés (évasés) pour que le rebord ne soit pas agressif.

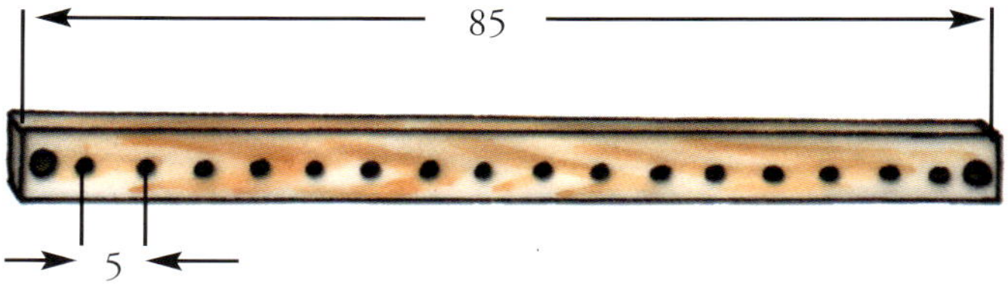

Bobineau

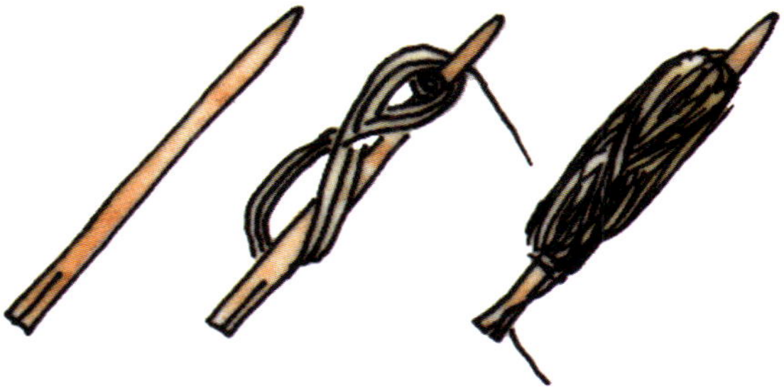

Le nouage se fait à un seul fil qui se noue sur la maille du rang précédent. On travaille donc avec de grandes longueurs de corde. Pour faciliter le travail il faut se fabriquer une navette. Le plus simple est de faire un bobineau autour d'un tourillon que l'on taille en pointe à une extrémité et fendu de l'autre (les bricoleurs marins pourront copier celles des pêcheurs).

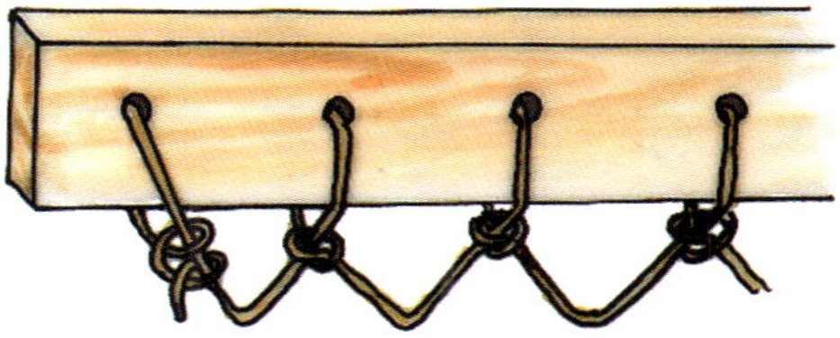

Le premier rang

La fixation du filet sur un des barreaux est faite avec des clés ou nœuds simples. Pour cette première longueur on ne peut pas se servir de la navette ; deux mètres suffisent car il vaut mieux ne pas avoir trop de corde à passer dans les trous. Par la suite, au cours de la confection de ce hamac, pour rabouter les morceaux, on fait un nœud plat (voir le chapitre des jeux pour enfants).

Le nœud de base

C'est le même nœud qui va être répété. Pour éviter que le filet forme des torsades, inverser du nouage selon le sens du rang en cours.

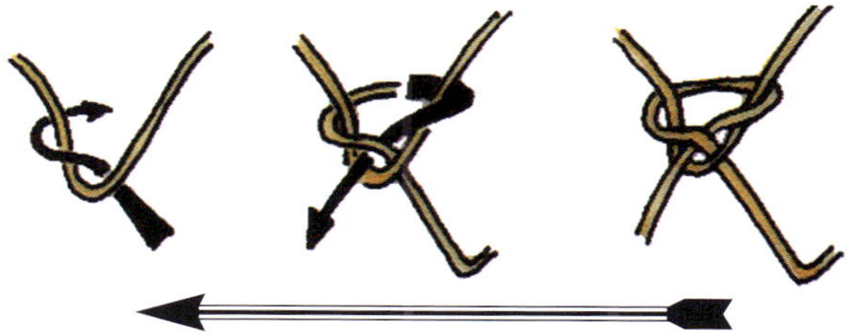

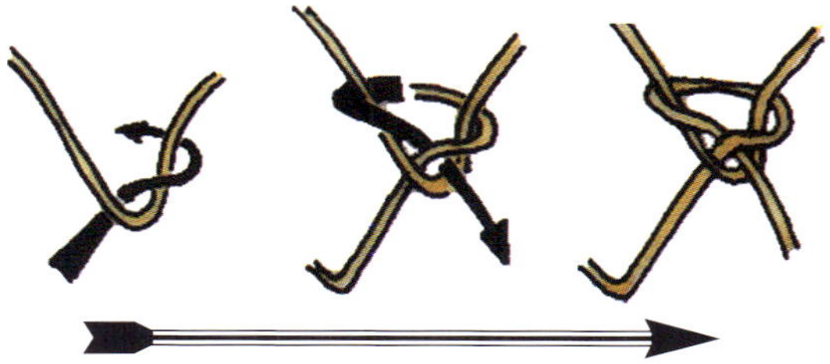

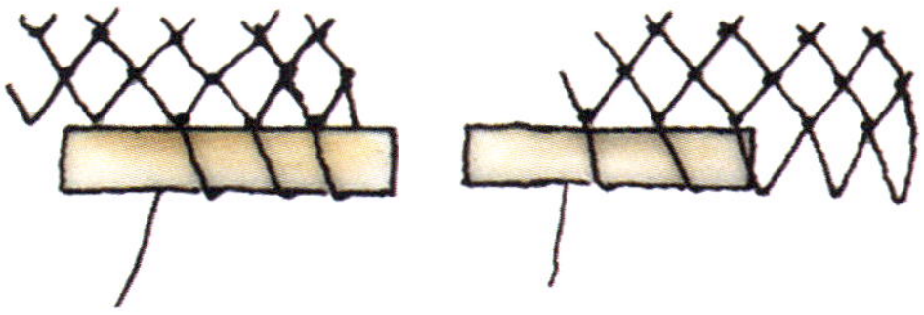

Les rangs suivants

A la fin de chaque rang, laisser une gance qui formera le point de nouage du retour suivant.

Les attaches

Des cordes de plus grosse section (10 à 12 mm) sont attachées aux deux extrémités des barreaux et passent dans un anneau. L'autre solution est de plier chaque corde en deux, de faire une queue de vache et de nouer les extrémités sur le barreau.

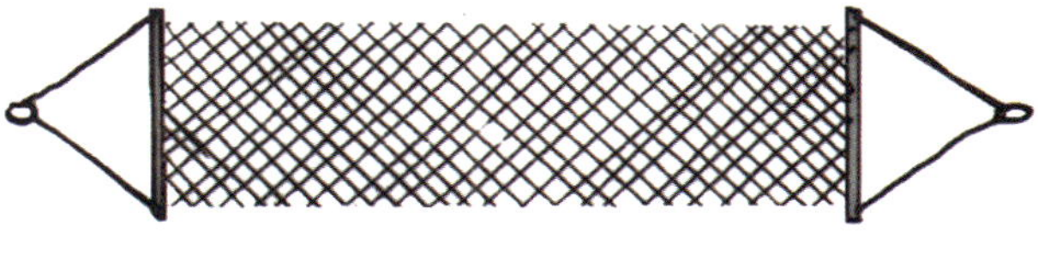

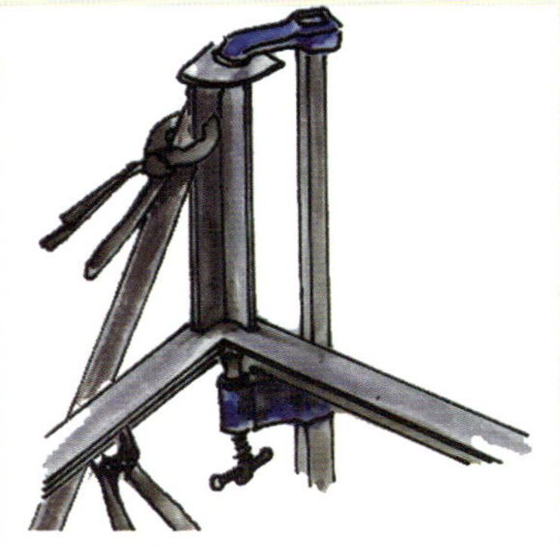

LES TECHNIQUES

Quel outillage et pour quel travail ?
Faut-il acheter, faut-il louer ?
Suis-je un bricoleur isolé ou est-ce que j'ai, dans mon entourage, des personnes bien outillées ?
Vais-je me servir de l'outil ou de l'appareil dont j'ai besoin une seule fois ou en aurai-je besoin ultérieurement ?
Sans vouloir les assimiler à une réflexion philosophique, les réponses à ces questions sont les bases existentielles du bricoleur : qui suis-je, avec qui et que vais-je devenir ? Plus prosaïquement on peut faire une première liste de l'équipement indispensable ; il y a ensuite les outils que l'on regrette de ne pas avoir sous la main, ou que l'on a failli acheter il y a quelques temps, mais maintenant cela ne vaut plus le coup (ou le coût !) ; il y a ceux aussi que l'on peut fabriquer ou bricoler pour se dépanner.

La caisse à outils

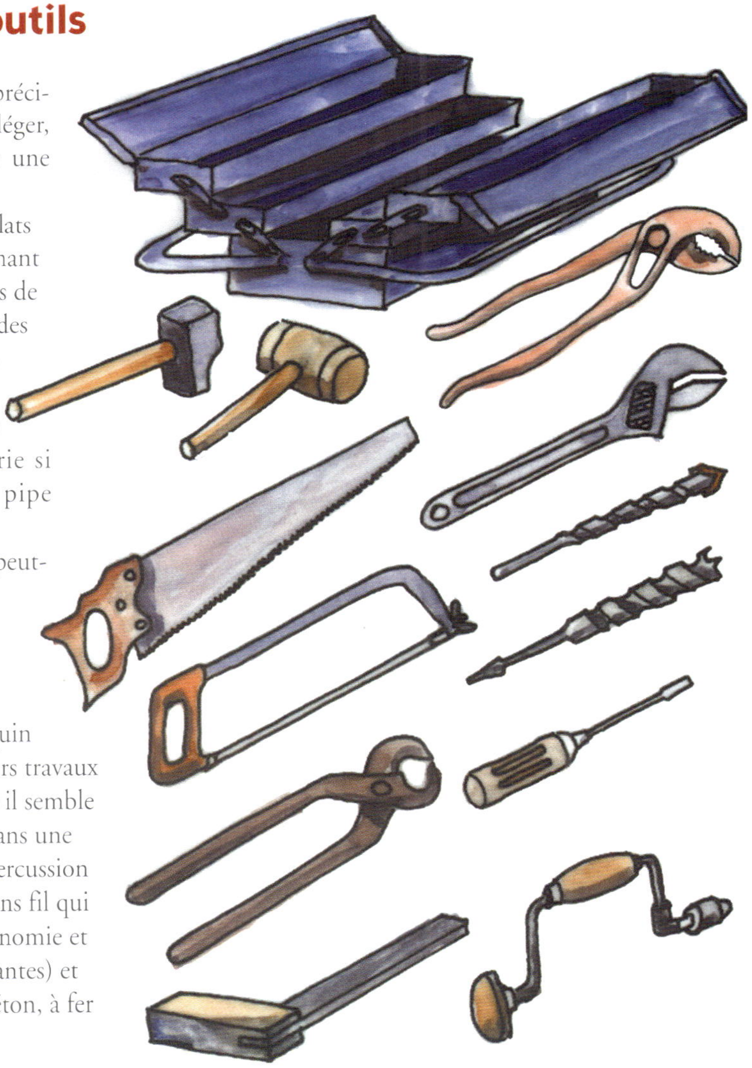

- De quoi frapper : précision avec un marteau léger, plus lourdement avec une massette, un maillet.
- Série de tournevis plats et cruciformes (maintenant on trouve aussi des têtes de vis qui nécessitent soit des clés alènes soit des clés étoile),
- Série de clés plates ou à œil plus une série si possible de clés à pipe (de 7 mm à 21 mm),
- Une clé anglaise et peut-être une clé à griffes,
- Mètre pliant ou souple, crayons, cutter,
- Les adeptes de la chignole et du vilebrequin pourront continuer leurs travaux à l'huile de coude mais il semble intéressant d'investir dans une perceuse électrique à percussion (il existe du matériel sans fil qui a maintenant une autonomie et des puissances intéressantes) et des séries de forêts à béton, à fer et mèches à bois,

- Un assortiment de clous, vis à bois, vis à aggloméré si besoin, de boulons, de rondelles, de chevilles à expansion,
- A côté de la caisse, car elle commence à être lourde à transporter, ne pas oublier un rouleau de fil de fer.

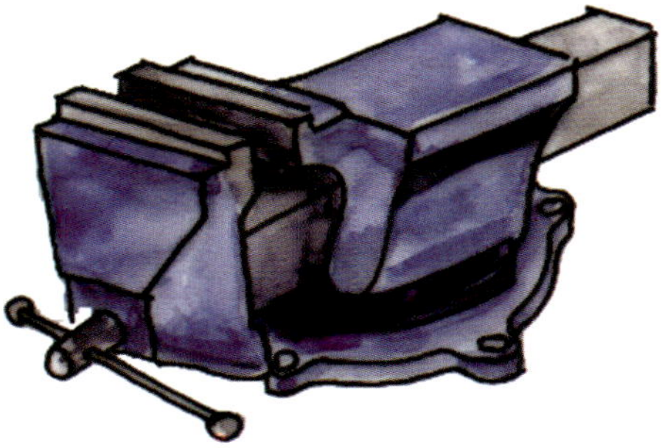

La Mesure et le Traçage

- Mètre pliant ou souple, si possible un décamètre,
- Un cordeau (simple ficelle solide pour pouvoir être bien tendue entre deux piquets),
- Un cordeau à tracer (ficelle que l'on charge de poudre colorée que l'on tend et qui laisse un trait quand on la lâche après l'avoir écartée du support ; existe dans le commerce avec boîtier enrouleur contenant la poudre),
- Un niveau à bulle (assez long pour plus de fiabilité),
- Un niveau à eau : pour marquer des points éloignés sur une même horizontale. Deux éprouvettes graduées sont reliées par un tuyau, le tout étant rempli d'eau ; le principe des vases communicants fait que les deux surfaces dans les éprouvettes sont dans un même plan horizontal ; attention ceci est vrai s'il n'y a pas d'air dans le tuyau !
- Un fil à plomb,
- Des crayons dont certains à mine très dure pour les surfaces rugueuses.

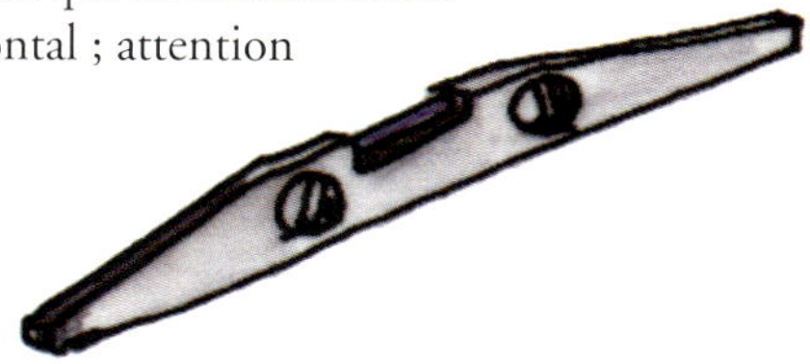

La Maçonnerie

- Terrassement : on retrouve le matériel du jardinier : pelle, pioche, râteau
- Gâchage : bac à gâcher (lorsqu'il n'y a pas d'espace disponible ou que l'on veut éviter le nettoyage fastidieux) et auge pour des quantités plus petites.

La bétonnière : très utile si l'on a des travaux fréquents ou importants à effectuer. Par contre, en dehors de son temps d'utilisation, c'est rarement un décor et elle demande beaucoup de place pour le rangement. C'est l'appareil qu'il est intéressant d'acheter à plusieurs, celui qui a le plus de place étant chargé de le garder quand il est au repos. Elle peut servir aussi pour cribler la terre (voir en fin de chapitre),

- Petit matériel : truelles selon usage : à bout carré réservée davantage au plâtre, large à bout rond pour jeter le ciment ou monter des éléments, fine pour les finitions, langue de chat pour de petits joints et taloche,
- Serre-joints : quelques serre-joints de maçon (à frapper) et quelques-uns à vis ou dits « à pompe » (qui servent plus en travaux de menuiserie ou sur fer) sont souvent utiles. Pour des serrages peu puissants on peut tordre un morceau de fer à béton en U refermé ; par son élasticité il constitue une presse.

Le Bois

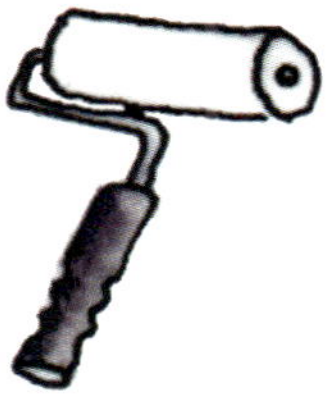

- Sciage : le matériel électrique économise l'énergie du bricoleur ; il est donc bon, si l'on travaille souvent d'avoir une scie sauteuse et peut-être une scie circulaire mais cela n'empêche pas de posséder une scie égoïne (ne pas hésiter à choisir une bonne qualité) ; le mieux est d'en avoir deux : une avec une denture fine pour les travaux précis et une avec une denture large pour les gros débits,
- Ponçage, rabotage : râpes (dentures fines et larges), papiers abrasifs, rabot. Pour ce type de travail, l'aide électrique est la bienvenue : ponceuse orbitale et peut-être à bande,
- Ciseaux à bois (un large 25 mm et un étroit 5 à 10 mm) et maillet,
- Série de serre-joints citée plus haut.

Le Fer

Souvent moins travaillé car il nécessite rapidement l'achat d'un poste à soudure électrique dont le maniement semble réservé à des professionnels. Certes les premiers essais sont décevants et la résistance des assemblages très en dessous de ce qui est espéré ! Mais persévérance et réflexion sont souvent récompensées.

- Scie à métaux (tronçonneuse à disques),
- assemblage par boulons : perceuse et boulons cités plus haut,
- assemblage par rivets (moins résistants) pince à rivets aveugles et assortiment de rivets,
- assemblage par soudure : poste à souder et baguettes auto-amorçantes.

Quelques outils que l'on aménage ou que l'on crée

Rien n'est plus embêtant que de ne pouvoir continuer un travail parce qu'un outil est inadapté ou fait défaut. Bien souvent on peut se dépanner ; certes, il vaut mieux ne pas être pris de court… Si le travail est bien conçu, sa réalisation est facile, mais, parfois, on fait de mauvaises estimations.

Comment serrer des planches en grande largeur avec de petits serre-joints

- en croisant deux serre-joints,
- en fabriquant une cale

de longueur appropriée, ou, grand luxe, en fabriquant comme sur le dessin une cale réglable (un axe se place à la longueur voulue),

- en faisant un système de garrot ; passer une corde solide autour de l'ensemble à serrer puis avec un morceau de bois, torsader une boucle jusqu'à la tension suffisante. Il faut maintenir cet ensemble avec une planche tenue par deux serre-joints sans serrer trop pour que les planches puissent glisser latéralement mais restent dans un même plan.
- en faisant travailler un serre-joint en poussée : démonter et retourner la partie mobile (il faut peut-être meuler un rivet qui bloque la partie mobile). Sur un chevron, l'ensemble est placé entre deux cales bien fixées ; lorsque l'on visse le serre-joint, il compresse les planches. Cette technique peut être réalisée avec des étais à vis entre deux murs.

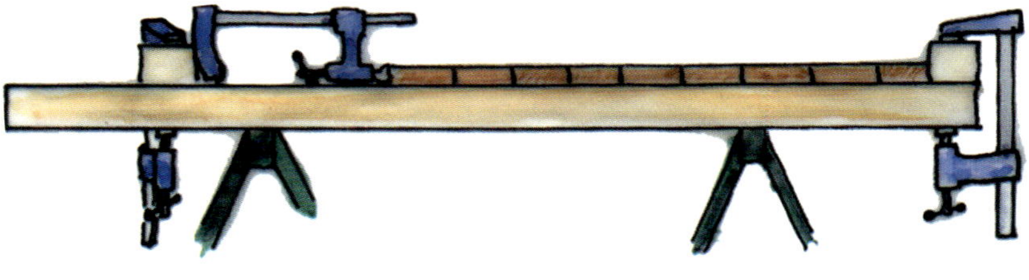

Un manche non branlant

Si un outil de jardin n'a pas servi depuis longtemps et qu'il est resté rangé dans un local bien sec, son manche risque de ne pas être fixé correctement. La vieille méthode très efficace est de faire tremper cet outil, au niveau de l'emmanchage pour faire gonfler le bois ; Attendre quelques heures pour obtenir un bon résultat. Si on n'a pas été prévoyant, ou si on est pressé, on peut mettre un anneau de papier de verre ou, si l'espace est grand du grillage fin, autour du manche.

Allonger une lance de pulvérisateur

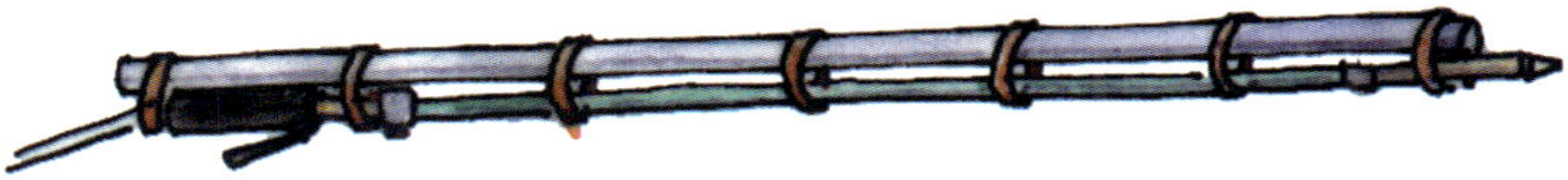

Le pulvérisateur n'est pas réservé uniquement aux traitements : lorsque l'on a besoin d'humidifier ou mouiller une surface on peut le faire à la lance à eau, mais c'est parfois trop ! Le risque est de tacher : par exemple pour faire des scellements et bien faire pénétrer l'eau dans toute la cavité sans faire couler des débris sur un mur au crépi clair, mieux vaut ne pas être trop généreux. D'autre part pour traiter de loin et diminuer les risques d'intoxication ou simplement par paresse pour traiter en hauteur sans être obligé de monter et descendre une échelle.

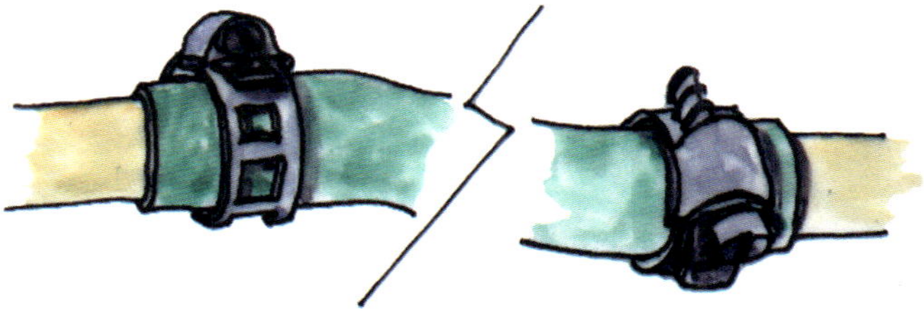

Couper le tuyau de la lance et raccorder les deux morceaux avec un tuyau souple résistant à la pression et de diamètre adapté à celui de la lance. Deux colliers de serrage assurent l'étanchéité.
On peut améliorer le système en utilisant un manche télescopique de coupe branche ou de balai aspirateur de piscine (ou même de canne à pêche peu flexible). Dans ce cas la longueur de tuyau correspond à celle du manche quand il est déplié ; il est attaché fermement sur la partie fixe du manche et avec des anneaux sur la partie escamotable.

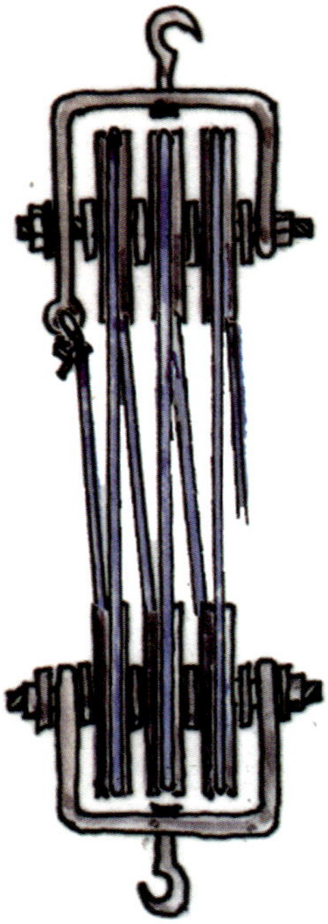

Pour avoir plus de force, fabriquer un palan

Avec un palan à six poulies comme celui qui est dessiné, il suffit d'une force six fois moins grande que le poids que l'on veut soulever (si l'on ne tient pas compte des frottements). En contre partie, il faut tirer en longueur de corde, six fois la hauteur d'élévation de la charge.

La puissance que l'on développe a des limites et pour se protéger de tout danger :

- vérifier que l'endroit où il est accroché est assez solide,
- vérifier que la charge est bien fixée,
- utiliser une corde adaptée et en bon état,
- ne pas rester sous la charge (il n'y a que dans les films que l'on sort indemne d'une chute !).

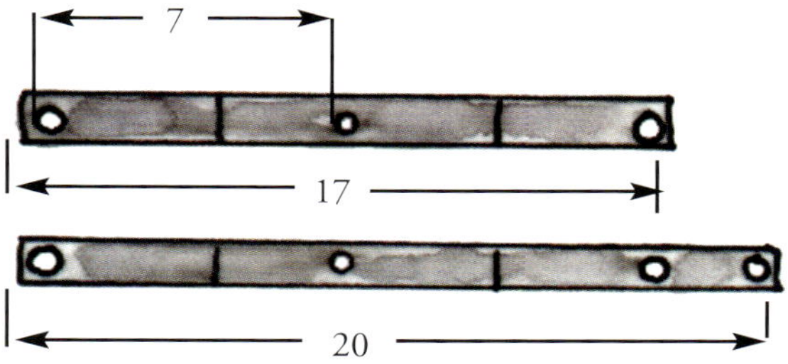

Les platines sont fabriquées dans du fer plat de 4 mm d'épaisseur et 40 de largeur. Les dimensions indiquées sur le schéma sont étudiées pour des poulies de 5 cm de diamètre.

Les deux axes sont des fers ronds, de 12 mm de diamètre et 12 cm de longueur, filetés aux deux extrémités ; à défaut on peut utiliser de la tige filetée.

Les poulies sont séparées par des rondelles.

Les crochets sont boulonnés ; pour éviter tout risque, il faut « mater » le filetage : la partie filetée qui dépasse de l'écrou est applatie au marteau.

Pour vibrer du béton

Plusieurs méthodes classiques : secouer en enfonçant par mouvements de va et vient un fer à béton, frapper avec un marteau sur le coffrage… à condition qu'il soit solide. On peut utiliser une perceuse en position percussion (ou mieux un perforateur) et munie dans son mandrin d'une pointe de charpentier de grande taille. Les vibrations répétées tassent le béton autant que les coups de marteau, même si elles sont moins puissantes.

Une étagère porte- outil sur une échelle

L'étagère est accrochée sur un barreau et appuyée sur un autre par un pied règlable en longueur.

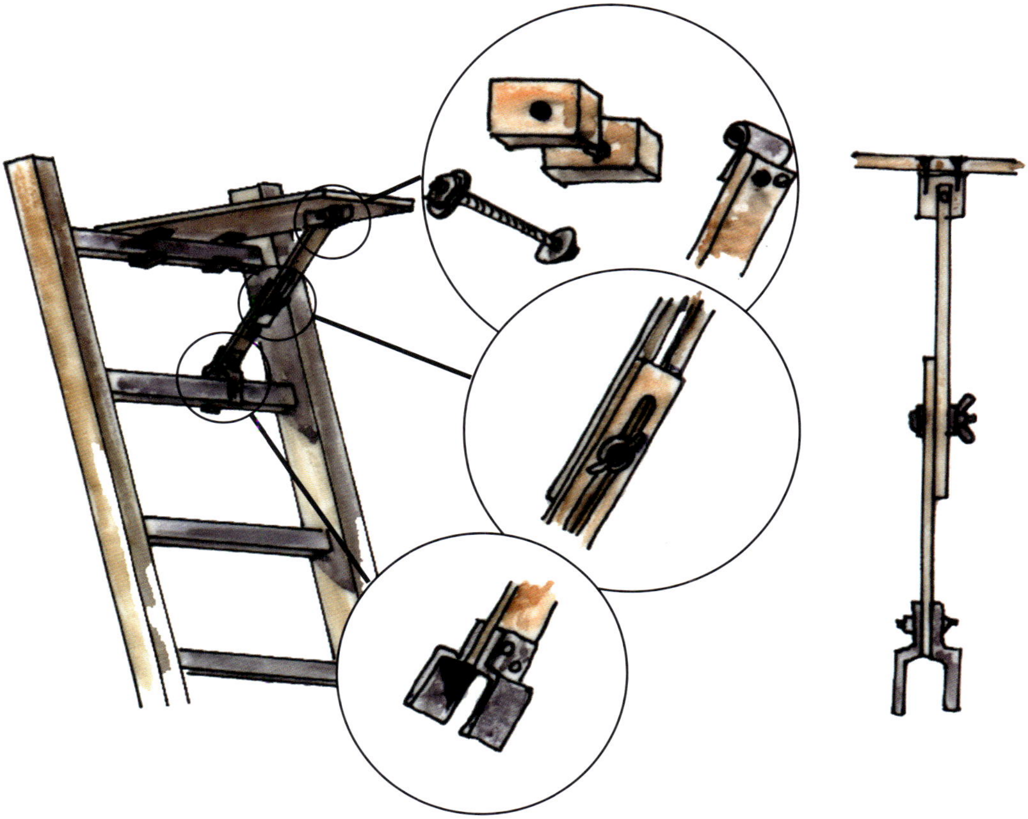

La tablette est bordée d'une baguette pour éviter la chute des outils ou des objets qui roulent. Les parties métalliques sont faites dans du fer plat de 2 mm d'épaisseur : les deux crochets supérieurs et les deux pattes pour la fixation du bas sont pliées à l'étau et l'articulation haute est enroulée autour d'un fer rond.

TRUC *Pour percer un trou sur une surface lisse :*
Au moment de l'attaque du perçage, sur une surface lisse (carrelage, métal…), le forêt a tendance à glisser. La méthode la plus classique est de marquer l'emplacement par un coup de pointeau ; sur des surfaces fragiles on peut coller un pansement adhésif et percer à travers.

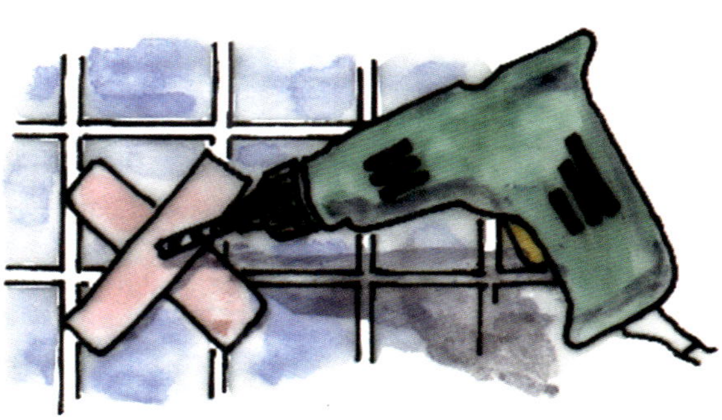

LE TRAVAIL DU BOIS

Les bois massifs

- Les bois de construction sont le plus souvent le pin ou sapin et le peuplier. Il est bon d'avoir toujours chez soi un petit bout de bois… ou deux : quelques planches de 18 mm et de 27 mm d'épaisseur, quelques tasseaux 27 X 27 mm et chevrons 6 X 4 cm.
- Pour toutes les parties extérieures il existe dans le commerce des bois traités et sous diverses finitions… Si pour une petite construction le surcoût n'est pas trop important, pour une construction nécessitant une grande quantité de bois, il faut faire un devis comparatif avec du bois brut qui sera traité après débit au moment de l'assemblage. (pour de gros chantiers, l'économie permet parfois d'investir dans un matériel « lourd » tel que scie circulaire, voire une raboteuse-dégauchisseuse amortie sur plusieurs chantiers). De même il sera intéressant de comparer entre les différents fournisseurs (magasins de bricolage, scieries, grossistes…), la provenance du bois, mais surtout son état de séchage et le cas échéant la méthode de séchage (entrepôt, étuvage…) ; l'utilisation de bois sec évite de mauvaises surprises telles que retrait, déformations et fentes.

Il faut essayer de reconnaître les défauts ou maladies qui peuvent nuire à la solidité des bois utilisés et, par contre, savoir que d'autres sont sans conséquence ou ne nécessitent que quelques attentions. En cas de doute, demander conseil à l'expert tout en faisant attention s'il est aussi le vendeur…

- Ne pas utiliser l'aubier (1) qui est la partie tendre extérieure du bois, souvent plus claire, et qui est moins résistant et pourrit rapidement. Des arbres ayant eu des accidents ou des maladies peuvent avoir des couches d'aubier à l'intérieur de bois dur.

- Les taches dans le bois révèlent souvent un début de pourrissement ; elles peuvent être de couleurs variées : blanchâtres ou au contraire beaucoup plus foncées que la moyenne du bois. Cela ne concerne pas les différences de tons des veines plus ou moins marquées selon les essences. Parfois les taches foncées révèlent la présence de morceau de métal (pointe, fer à cheval, morceau d'obus…).

- Les fentes sont des endroits de faiblesse ; on peut souvent deviner la cause en les examinant : elles partent du centre et vont vers l'extérieur ou l'inverse ou bien sont circulaires. Si elles sont larges et profondes ou nombreuses, il faut se méfier. Les raisons sont diverces : bois trop vieux, fortes gelées, séchage trop rapide,ou encore séparation des différentes couches de bois.

- Les nœuds : certains sont des endroits d'où part la pourriture. Ils peuvent être aussi un endroit de rupture s'ils occupent toute la section d'une planche ou d'un chevron.

- La présence de galeries révèle que le bois a été visité, ou héberge encore des insectes. Selon le degré d'attaque, traiter par produit insecticide ou, s'il est vraiment trop tard, en faire rapidement du bois de chauffage pour éviter de contaminer des bois sains.

Les panneaux

Peu chers comme les agglomérés (A) (sciure ou copeaux collés) ou plus onéreux comme le contreplaqué (B) (feuilles de bois fines collées, le sens des fibres étant croisé) ou plus encore comme le latté (C) (lattes collées entre des feuilles de bois), les panneaux ont l'avantage de pouvoir être débités en une seule pièce pour des surfaces importantes alors que les planches obligent à faire des assemblages. Par contre les panneaux nécessitent une protection plus soignée que les bois bruts ; on peut laisser un bois brut nu à l'extérieur - sa longévité sera réduite -, mais il faudra toujours traiter des panneaux si l'on ne veut pas les voir très rapidement se déformer, se déliter ou s'effriter. Il existe des qualités « extérieur » ou « marine » qui tiennent essentiellement à la qualité de la colle utilisée pour leur fabrication, mais elles sont d'un coût nettement plus élevé.

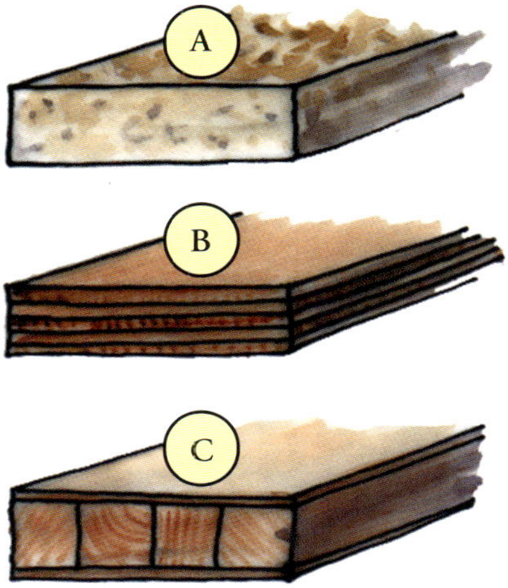

LA PROTECTION

Traitement des bois

En dehors des peintures ou des vernis et lasures qui modifient l'aspect, sur bois nu, les traitements possibles sont :

- les fongicides pour toutes les attaques de champignons ou de mousse,
- les insecticides pour les attaques de vers et insectes creusant le bois,
- les imperméabilisants.

Ces différents produits se passent au pinceau, au rouleau ou au pistolet.

On peut aussi traiter en utilisant le pulvérisateur de jardin ; il faut évidemment après utilisation bien rincer et nettoyer l'appareil, les tuyaux et les buses (voir dans le chapitre « outils » la façon d'allonger la lance d'un pulvérisateur qui permet de traiter plus facilement des bois déjà assemblés).

Une autre solution, plus efficace car elle traite plus en profondeur est le traitement par trempage avant assemblage. Creuser une rigole de la longueur et de la largeur de la pièce à traiter la plus longue et un peu plus profonde que la pièce la plus épaisse. Bien vérifier la parfaite horizontalité du fond. S'il n'est pas possible de creuser une rigole, réaliser sur une surface plane et horizontale, un cadre

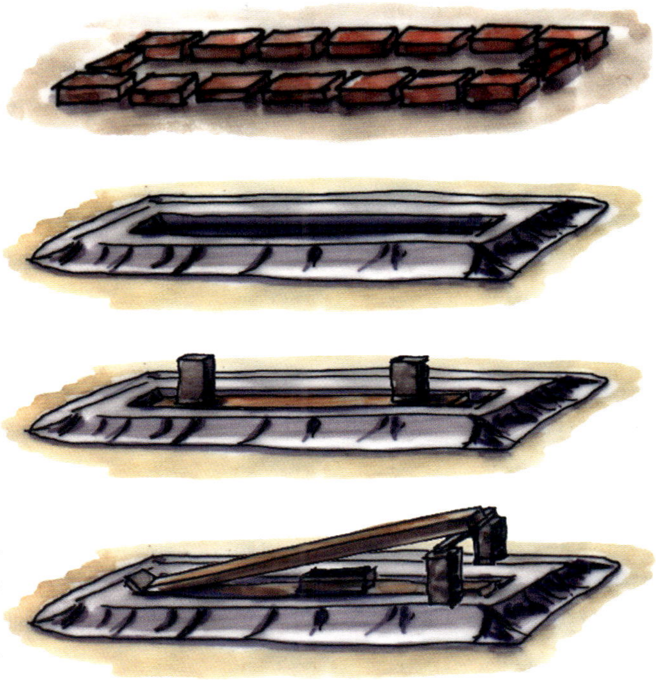

en terre, en bois, avec des parpaings ou des briques…
Etendre une feuille de plastique agricole en double épaisseur ; mettre du produit de traitement.
Immerger la pièce de bois la plus longue, la lester si elle flotte. Le temps dépend de la section, de l'essence de bois et du produit lui même.
Sortir la pièce traitée et la faire égoutter au dessus du bac en l'inclinant. Pendant ce temps traiter une nouvelle pièce.
Au fur et à mesure que la longueur des pièces diminue, raccourcir le bac (combler la rigole ou resserrer les éléments du cadre), cela permet d'user un minimum de produit. Lorsque tout a été traité, récupérer la totalité de ce qui reste dans le bac ; attention aux risques de pollution : s'il existe une déchetterie près de chez vous, le plastique souillé sera mis dans un conteneur spécial.
Il existe aussi, dans le commerce, pour lutter contre un invasion d'insectes, des kits de traitement par injection : il faut percer des trous à espaces réguliers, mettre du produit à l'aide d'une seringue et reboucher chaque trou avec une cheville.

OUTILLAGE

En plus de l'outillage décrit dans le chapitre de l'équipement du bricoleur, si l'on effectue fréquemment des travaux sur bois, prévoir de s'équiper pour :

débiter
- scie circulaire fixe ou portative
- scie sauteuse

raboter
- rabot portatif ou, plus onéreux, raboteuse dégauchisseuse

et pourquoi ne pas y adjoindre une mortaiseuse…

poncer :
- ponceuse à bande et orbitale

assembler
- série de serre-joints de différentes dimensions (voir comment en fabriquer ou improviser pour des dimensions hors du commun, chapitre « outils »).

LES ASSEMBLAGES

Sans vouloir rivaliser avec des menuisiers ou des ébénistes, il est utile de connaître quelques assemblages selon que les morceaux de bois à réunir sont dans le prolongement l'un de l'autre ou à angle droit, en bout ou sur leur longueur…
Les puristes, lorsque cela est possible, utilisent des chevilles, les autres, se servent de clous, de vis ou de tirefonds et de colle. Certains assemblages pourront être renforcés ou consolidés par des pièces métalliques telles que plaques et équerres.

Assemblage à mi-bois

Assemblage par tenon et mortaise

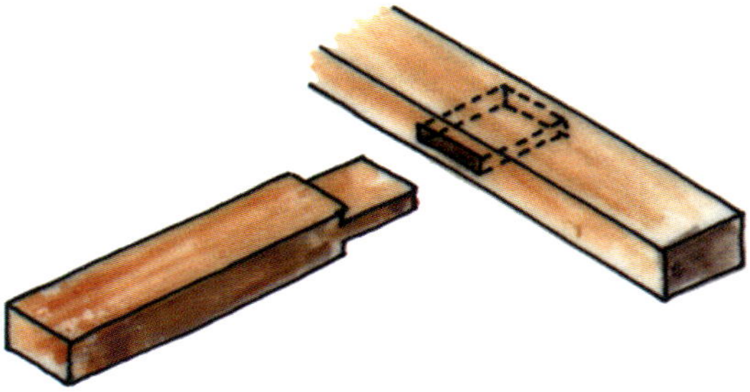

Assemblage par encastrement

Assemblage par rainure et languette

Assemblage goujonné

Pour la beauté :
assemblage de charpente Le trait double de Jupiter

Travail à la scie : réalisation d'un tenon

Attention ! Ce n'est pas comme en mathématiques, les traits ont une épaisseur, surtout les traits de scie. Le tracé représente le tenon, le sciage doit s'effectuer à l'extérieur du trait.

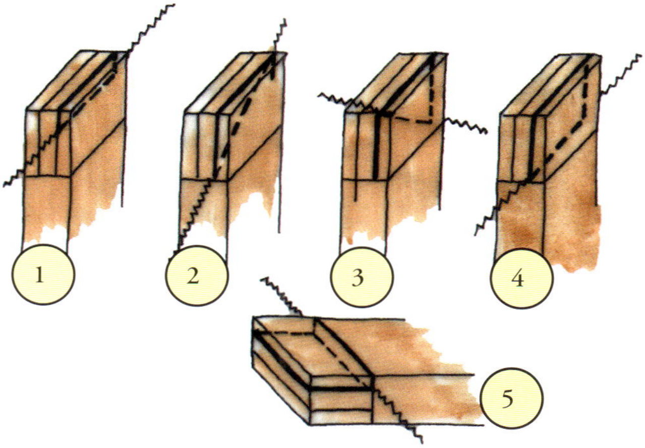

1- scier un trait en bout,
2 et 3- scier en diagonale les traits sur les chants (jusqu'à la limite),
4- scier jusqu'au trait
5- scier sur la face.
Faire de même de l'autre côté.

Travail à la perceuse et ciseau à bois réalisation d'une mortaise

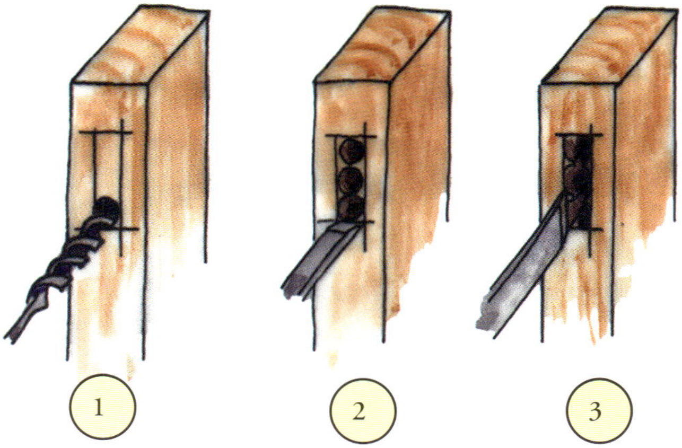

1- avec une mèche à bois évider l'intérieur du tracé ; si la mortaise débouche sur l'autre chant, il faut percer des deux côtés pour éviter les éclats de bois.
2 et 3- avec un ciseau à bois, enlever les dépouilles de la mèche, le biseau du ciseau est dirigé vers l'intérieur. Comme pour la première phase, travailler des deux côtés si la mortaise traverse la pièce de bois.

Le cintrage du bois

Il n'est pas souvent nécessaire d'utiliser des morceaux de bois cintrés… Mais, pour de rares cas, il est bon de connaître les principes et un moyen de tricher. La méthode classique consiste à placer les morceaux de bois dans un volume où on produit de la vapeur pour les chauffer et les rendre plus souples. Ensuite ils sont cintrés en étant maintenus sur des formes le temps qu'ils sèchent. Cette méthode peut être utilisée en installant la pièce de bois à l'intérieur de bâches et de couvertures dans lesquelles on souffle de la vapeur (nettoyeur ménager à vapeur, appareil à décoller le papier peint ou encore la auto-cuiseur à pression sur lequel on a remplacé la soupape par un tuyau). Plus la courbure désirée est accentuée plus il faudra être patient.

Une méthode plus simple pour le bricoleur amateur est de coller plusieurs lames de bois de faible épaisseur (5 à 7 mm), en les pressant, après les avoir encollées, sur une forme en commençant par le milieu pour aller vers les extrémités.

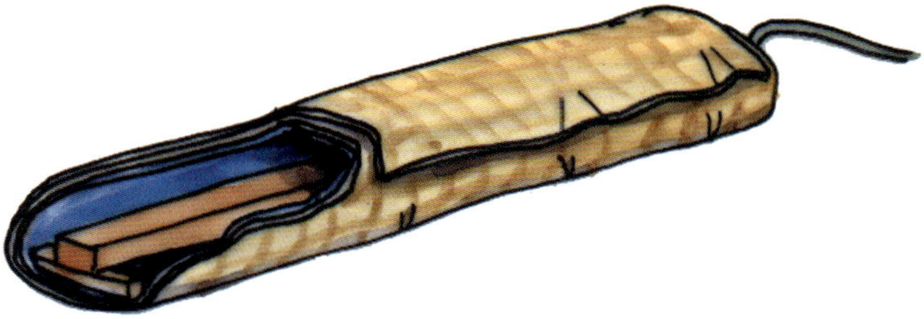

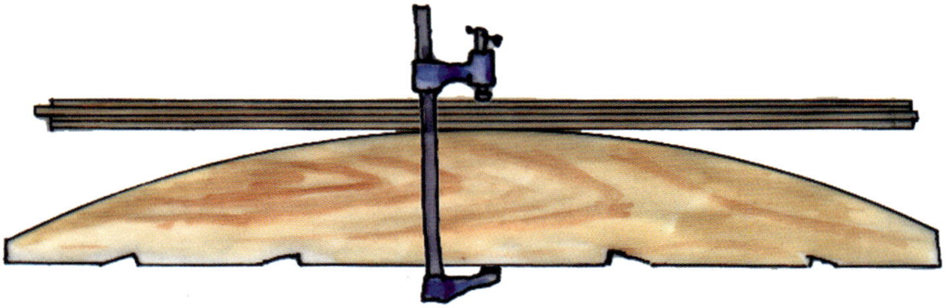

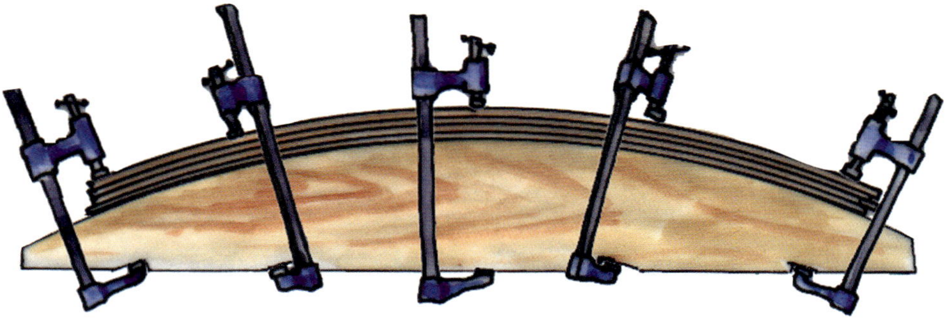

Dans ces deux techniques il faut avant tout fabriquer la forme. Pour l'exemple d'utilisation de ce livre (fabriquer des arceaux pour une pergola), cette forme simple est découpée dans plusieurs planches qui sont vissées entre elles. La courbure doit être un peu plus refermée que celle voulue car les lames collées se redressent légèrement quand on les enlève de la forme. Faire des encoches pour que les serre-joints travaillent bien dans leur axe.

On peut faciliter le cintrage en découpant des fentes parallèles à la scie jusqu'à la moitié de l'épaisseur des lattes.

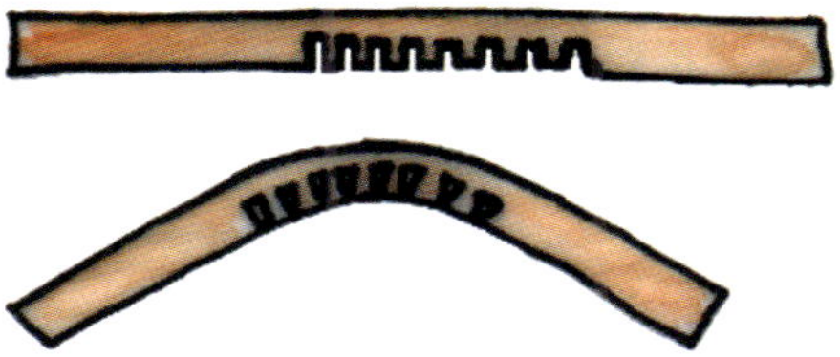

Comment tricher ? Deux manières simples :

Comme pour fabriquer le gabarit pour le cintrage, on assemble deux ou plusieurs planches jusqu'à l'épaisseur voulue et on découpe la forme voulue. On recrée du contreplaqué sans croiser les fibres pour avoir une résistance dans tous les sens ; le fait de coller au moins deux planches limite les risques de trouver deux lignes de rupture contiguës.

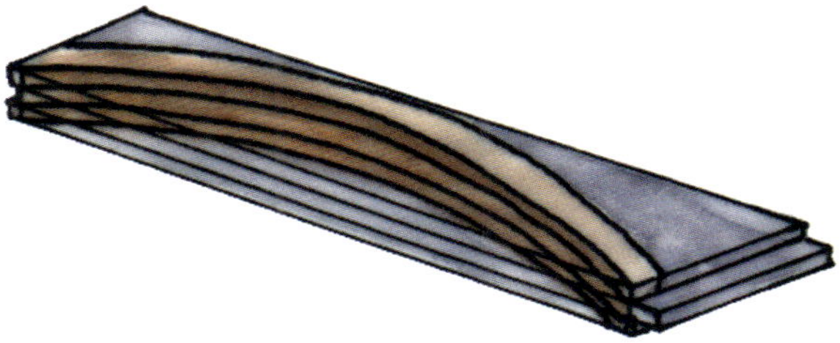

L'autre façon consiste à coller des morceaux de la même épaisseur (chevrons par exemple) et à les découper selon la forme voulue.

La première solution est la plus fiable : la faiblesse des planches collées est plutôt liée à la résistance de la colle employée,

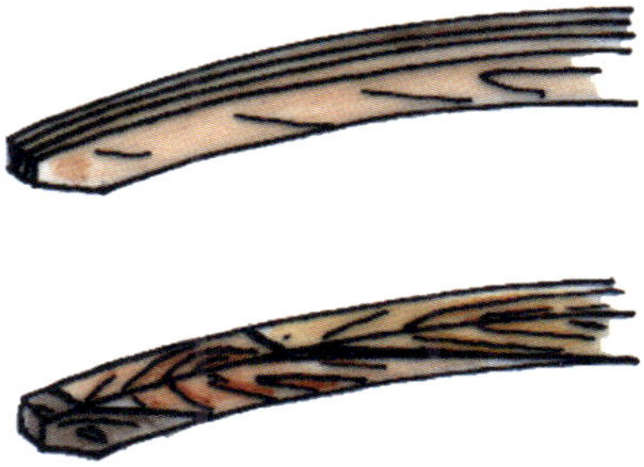

la seconde met en jeu la résistance des bois utilisés : vers le bas de l'arc, les fibres sont courtes et en travers, ce qui réduit la solidité. Elle est donc à utiliser pour des parements et non des ouvrages porteurs.

MORTIERS ET BÉTON

Les mortiers servent dans le montage d'éléments (pierres, briques, parpaings...), les enduits et les chapes. Le béton est « coulé » au sol ou dans des coffrages ; après la prise il forme un bloc résistant ; il peut être renforcé ou « armé » si nécessaire par un ferraillage. Il est utilisé pour les fondations, les dalles, les linteaux et les poutres...

Les composants

Les éléments de base sont :

- le liant : ciment seul et/ou chaux
- l'agrégat : gravier et/ou sable
- l'eau :

On peut ajouter selon nécessité des éléments spécifiques ou adjuvants :

- hydrofuge qui rend le produit imperméable,
- antigel pour des travaux sous basse température,
- colorant dans la masse ou en travail de finition,
- produit d'accrochage : résine permettant des reprises sur des constructions anciennes (sert aussi d'imperméabilisant),
- durcisseur de surface
- retardateur ou accélérateur de prise,

Il existe des liants pour des bétons ou mortiers spécifiques :

- prompt à prise très rapide (5 minutes) pour les scellements rapides et obturations,
- fondu à prise rapide (15 à 20 minutes) pour des scellements et des réparations,
- réfractaire pour des construction destinées au feu (four, barbecue...),

Pour diminuer la densité, mais avec une moins bonne résistance mécanique, on peut réaliser des bétons allégés en utilisant des agrégats tels que les billes des polystyrène ou d'argile expansé ou la vermiculite.

Les volumes, poids et dosages

Les dosages ne sont pas toujours exprimés dans les mêmes unités. Le bricoleur, souvent, et surtout s'il est très débutant et de surcroît angoissé par son inexpérience, essaye de réaliser des mélanges au gramme près. Certes, la solidité et la résistance au temps du béton ou du mortier risquent d'être diminuées par des dosages farfelus ; cependant, pour le type de travaux décrits dans ce livre de petits écarts ne sont pas préjudiciables au résultat espéré.
Densités : pour les liants et agrégats elle sont comprises entre 1,5 et 1,6.
En langage courant, c'est le poids d'un litre de matière, le poids étant exprimé en kg (ou poids en tonne par mètre cube). Pardon aux scientifiques qui se sentent agressés par une telle définition.

Capacités : il est utile de connaître les volumes des outils et récipients que l'on utilise. Cela simplifie les mesures en cours des travaux. Les litrages sont donnés ci-dessous à titre indicatif ; ils doivent être vérifiés.

- une pelletée correspond environ à 5 à 6 litres,
- un seau correspond environ à 10 litres,
- 13 pelletées remplissent une brouette soit à peu près 70-80 litres,

	Dosage	Ciment	Chaux	Sable selon fini désiré type : de 0,2 à 0,5 mm	Eau
Mortier maigre					
montage de parpaings ou de moellons de pierre	300 à 400 kg/m³	50 kg		170 litres à 125 litres	25 litres
Mortier bâtard					
mortier bâtard montage de briques creuses	300 à 450 kg/m³	25 kg	25 kg	170 litres à 115 litres	25 litres
Enduit traditionnel					
Gobetis	500 kg/m³	50 kg		100 litres	25 litres
2e couche	350 kg/m³	33 kg	17 kg	145 litres	25 litres
3e couche	300 kg/m³	25 kg	25 kg	170 litres	25 litres
Joints					
Sur pierres	500 à 600 kg/m³	50 kg		100 litres à 85 litres	25 litres
Sur briques	500 kg/m³	25 kg	25 kg	100 litres	25 litres
Chapes					
Chapes chape sur béton	350 à 400 kg/m³	50 kg		145 litres à 125 litres	25 litres
Chape sur béton	600 kg/m³	50 kg		85 litres	25 litres

	Dosage	Ciment	Sable type 0,5 mm	Gravillons type 5 à 15 mm	Eau
Fondations	300 kg/m³	50 kg	60 litres	110 litres	25 litres
Dalles, sol, terrasse	300 kg/m³	50 kg	60 litres	110 litres	25 litres
Poutres et linteaux	350 kg/m³	50 kg	60 litres	80 litres	25 litres

Ferraillage

Dans les ouvrages en béton il est indispensable d'intégrer une armature en fer.
Pour les fondations, utiliser des « semelles ferraille » adaptées, à la largeur de votre construction, ce sont des éléments préfabriqués avec des fils (3 à 5 selon largeur) en long. reliés par d'autres fils soudés en travers.
Pour les dalles, utiliser des plaques ou rouleaux de treillis soudé, sorte de gros grillage à mailles carrées.
Pour les ouvrages suspendus (linteaux, poutres...), choisir des fers tors et des éléments préfabriqués tels que du chaînage, fers à béton reliés par des triangles ou des carrés constitués de fers de même section.
La rouille augmente l'adhérence du ciment. Ne pas traiter le ferraillage et proscrire tout produit gras. En cas de grandes longueurs, relier les éléments en faisant chevaucher les extrémités et en les liant avec du fil de fer. Il est préférable de faire des « crosses » en recourbant les fers sur eux-mêmes. De même pour effectuer des angles ou raccorder une armature de pilier à celle des fondations, faire chevaucher les fers et les lier au fil de fer.

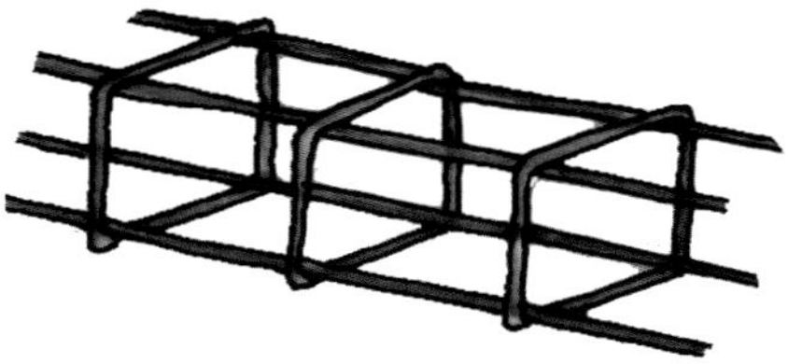

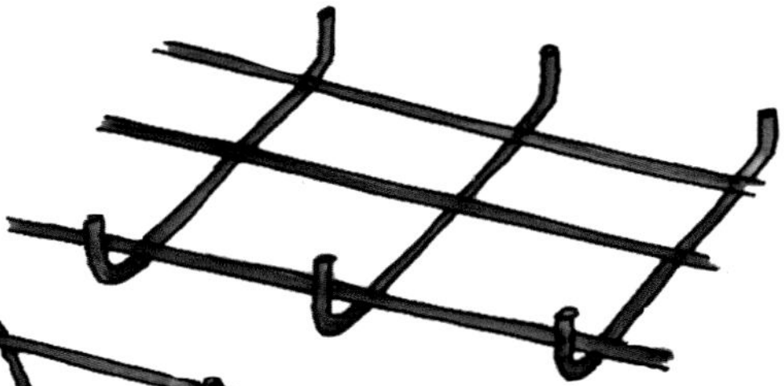

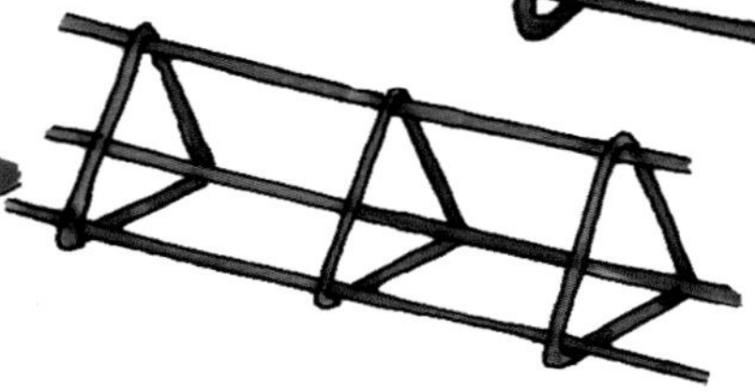

liaison à plat

liaison en angle

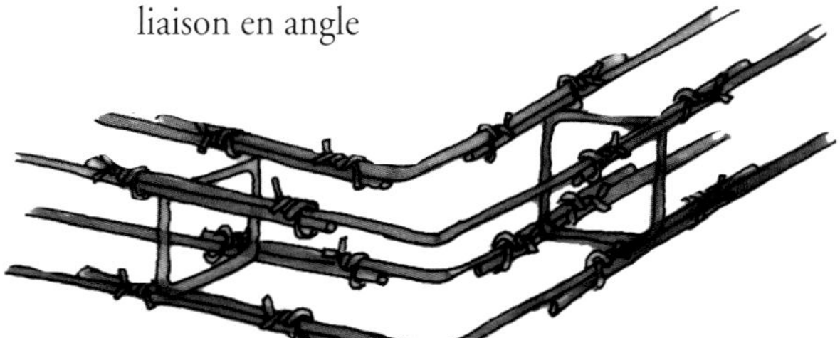

liaison avec des crosses

liaison perpendiculaire (semelle-poteau)

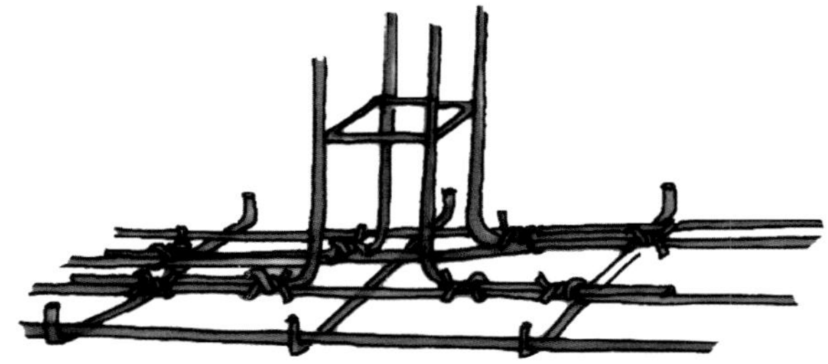

Réalisation d'une dalle

Creusement - terrassement

Après avoir délimité la dalle, tracer une surface débordant de 20 cm de chaque côté (traçage avec du plâtre).

Décaper la surface de terre végétale pour atteindre un sol plus compact. Comme il est décrit plusieurs fois dans ce livre, damer correctement le fond ; selon la nature du sol il faut faire un lit de pierres assez grosses (hérisson), couvert par du tout-venant.

Calage des guides de niveau

Placer des guides (planches dont le bord supérieur est rectiligne) qui serviront d'appui pour « tirer » le béton et obtenir une surface plane régulière.

Si la dalle est de dimension importante, prévoir de la couler en plusieurs parties ; les joints intermédiaires entre elles, épais de 1 à 1,5 cm, serviront à amortir les effets de la dilatation. Dans ce cas, ce sont des guides intermédiaires qui, lorsqu'ils seront enlevés, réserveront ces joints de dilatation sans béton ; ils seront remplis d'un matériau élastique (joint de mousse néoprène ou joint élastomère).

Pour les dalles extérieures telles que terrasses ou allées (et parfois intérieures) il faut prévoir une pente de 0,5 à 1 cm par mètre pour faciliter l'écoulement de l'eau.

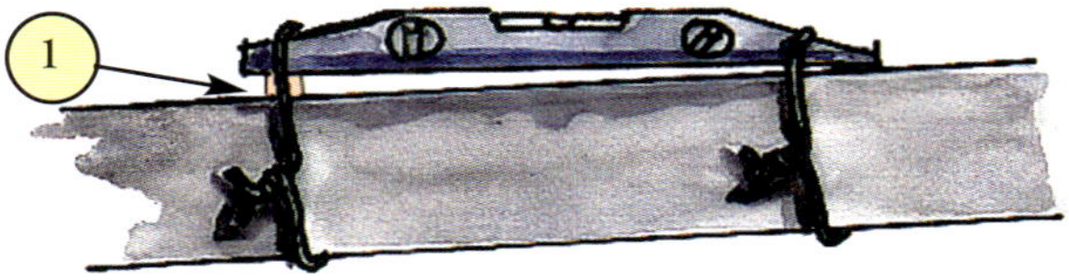

Deux solutions pour installer les planches latérales :

dans le premier cas, on place une cale (1) sous le niveau et la règle aura la pente voulue,

dans le second cas, on place sur la planche de coffrage basse, un ou plusieurs liteaux (2) représentant la déclivité voulue ; la règle entre les deux planches est horizontale.

Protection contre l'humidité

Pour une dalle à l'intérieur d'un bâtiment, l'abri de jardin de ce livre par exemple, il est conseillé de placer une feuille de polyane (3) pour empêcher toute remontée d'humidité ; cette feuille doit être coupée 2 à 3 cm au-dessus de la surface du sol. Il est nécessaire de la placer au fond avant d'installer les règles.

Ferraillage

Pour des petites réalisations, l'utilisation de treillis soudé suffit ; on peut ajouter des fers tors de 8 ou 10 mm qui sont liés au treillis tel qu'il est indiqué ci-dessus.

Pour plus de sécurité, et en particulier pour des dalles dépassant 8 à 10 mètres carrés, c'est au moment de la conception de la construction, qu'il vaut mieux se renseigner auprès du vendeur de matériaux pour connaître quel type et quelle section d'armature utiliser.

Coulage du béton

Pour approcher la brouette le plus près possible et éviter d'avoir à pelleter le béton, faire un chemin avec des planches que l'on déplace au fur et à mesure de l'avancement des travaux (caler ces planches en hauteur, pour qu'elles n'appuient pas sur les règles).

Ne pas oublier de soulever et secouer régulièrement et fortement l'armature pour qu'elle soit bien noyée dans le béton qui, de ce fait, est vibré et plus compact.

Lorsqu'une bande de 1 m a été chargée, commencer à égaliser avec un rateau puis passer la règle grossièrement pour voir s'il y a des surplus ou au contraire des manques. Il faut « cisailler », c'est à dire faire des mouvements latéraux de va et vient ; cela a l'effet, en plus de niveler, de vibrer la surface (où l'on voit l'eau remonter).

Procéder ainsi par bandes jusqu'à la fin ; au moment du passage plus fin de la règle, reprendre une partie de la bande précédente afin de masquer toute reprise et avoir la surface la plus uniforme possible.

Surfaçage

Il existe des appareils pour traiter de grandes surfaces. Lorsque le béton a été convenablement vibré et reglé (au besoin avec une règle vibrante), il subsiste après la première évaporation de l'humidité de surface, des empreintes. Il faut attendre que la surface soit moins molle pour lisser avec une taloche métallique par de grands mouvements réguliers peu appuyés.

Séchage

En aucun cas il ne doit être trop rapide. Si le temps est sec, s'il y a du vent, ou si la dalle est exposée directement au soleil, humidifier régulièrement et en cas de fortes chaleurs, la couvrir ; on peut utiliser les sacs de ciment que l'on ouvre et que l'on mouille abondamment lorsqu'ils sont étalés.

Réalisation d'une chape

Sur une dalle brute dont l'état de surface est trop irrégulier pour le travail que l'on veut entreprendre, il faut couler une chape de mortier de ciment d'une épaisseur de 2 à 3 cm, afin d'obtenir une surface plane et lisse. Les opérations vont être semblables à celles qui sont décrites dans ce chapitre pour la réalisation d'une dalle. Il faut un peu plus de soin, d'une part pour obtenir une bonne finition et, d'autre part, parce que les matériaux et matériels (règles) sont plus fins.

Calage des guides de niveau

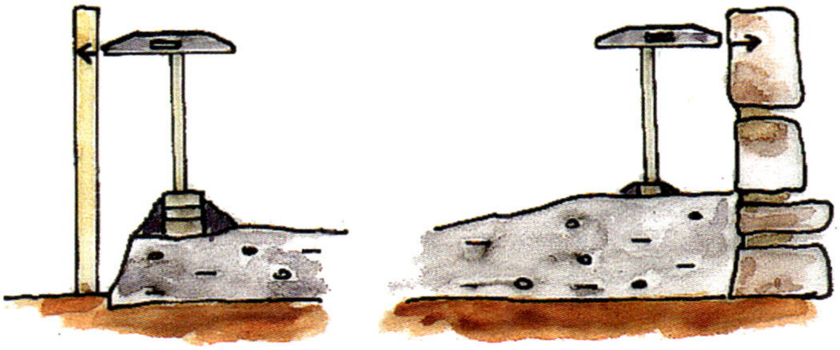

Dans un premier temps, vérifier si la dalle est bien horizontale (ou avec la pente régulière que l'on souhaite). Dans ce cas des lattes de bois rectilignes d'environ 2 cm d'épaisseur sont calées au ciment prompt.
Si, au contraire, la dalle est trop irrégulière, la chape servira à rectifier les défauts de surface, mais aussi à rattapper les inégalités de plans.
Il faut tracer un niveau de référence autour de la dalle à l'aide d'un niveau à eau (s'il n'y a pas de mur d'appui, planter des piquets). C'est à partir de ce trait que les cales supportant les guides sont fixées au ciment prompt. Si la chape est trop large, placer une guide intermédiaire (ou plusieurs).

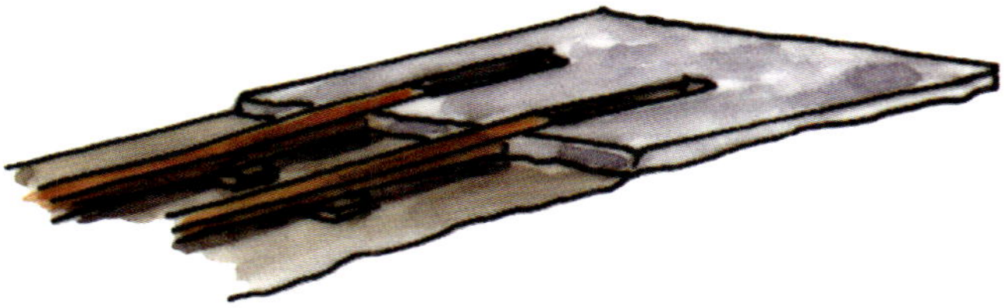

Le mortier dosé comme indiqué ci-dessus est étalé entre les guides puis « tiré » régulièrement et taloché. Au fur et à mesure de l'avancée des travaux, déplacer les lattes en remplissant le vide qu'elles laissent.

Surfaçage

Certains, pour obtenir un miroir, saupoudrent la surface de ciment pur et sec avant de talocher ; les résultats de cette méthode sont parfois aléatoires, le ciment en absorbant l'eau de surface forme des blocs qui s'arrachent par plaques ; avant de se lancer, il vaut mieux essayer sur une petite zone pour se faire la main.
En général si l'on a eu la patience d'attendre un peu, l'utilisation d'une taloche, genre lissoir, en diminuant peu à peu la pression, donne de très bons résultats.
Pour le séchage, prendre les mêmes précautions que pour la dalle ; cependant, ne pas mettre la couverture en contact lorsque la surface n'a pas encore fait sa prise.

CARRELAGE

Moins utilisé à l'extérieur que les matériaux bruts ou reconstitués, il peut être utilisé sur des surfaces limitées telles seuils de porte ou parement d'escalier mais aussi sur de plus grandes zones comme revêtement de terrasse.

Le choix du carrelage

L'endroit où il sera posé et la recherche de la meilleure perspective guideront ce choix.

Les deux sens de pose ci-dessus, dans le même décor, montrent la modification de la perception des dimensions de l'espace. Pour pouvoir se décider, il ne faut pas hésiter à poser « à blanc » des rangées de carreaux et regarder l'effet produit.

Au moment de l'achat, bien vérifier que le matériau peut être posé en extérieur ; par précaution il vaut mieux se le faire certifier par écrit. Il existe de nombreux matériaux ingélifs et même, maintenant, certaines terres cuites. De même il est nécessaire se renseigner sur la résistance à l'usure car il se présente en utilisation extérieure un plus grand risque d'abrasion. En résumé, choisir des carreaux résistant à l'usure et aux chocs, et bien imperméables.
L'aspect et la teinte sont à adapter à l'environnement. Se méfier de l'aspect obtenu par une grande surface carrelée. Le contraste total entre, d'une part la rigueur géométrique d'assemblage, de plan lisse (même si l'on a choisi un ton chaud), et d'autre part les formes plus libres de l'extérieur, est à manier avec précaution. On préférera souvent adopter une solution mixte en associant le carrelage, à un autre matériau.

Le support

La pose est largement facilitée si le support a été soigné, c'est à dire qu'il est plan et qu'il ne présente pas d'aspérités.
Si l'état de surface est très irrégulier, faire une chape de mortier (voir ci-dessus) qu'on laisse durcir pour ensuite procéder au revêtement. Une autre solution est de faire simultanément la chape et effectuer la pose des carreaux comme il a été décrit la pose des pierres dans le chapitre des allées et sentiers.
Si le support ne présente que des défauts de surface, les réparer avec un produit de ragréage. La surface à traiter doit être correctement dépoussiérée et dégraissée ; dans la plupart des cas il est aussi précisé qu'elle doit être sèche. Ce produit, prêt à l'emploi, est dilué dans l'eau en respectant scrupuleusement les indications du fabriquant. Après l'avoir versé, on l'aide à se répartir uniformément en le talochant (l'outil adapté est une longue taloche métallique, mais une truelle ou une taloche bien propre fait l'affaire). Ensuite, c'est le produit qui s'étale et « s'auto-lisse ».

Traçage

Pour éviter des erreurs d'alignement, même si l'on utilise des croisillons pour les joints, la surface à couvrir est divisée en bandes qui seront carrelées l'une après l'autre. Tracer au sol des lignes selon les axes de pose, espacées de la largeur de quatre à dix carreaux selon leur dimensions ; attention : ne pas oublier la largeur des joints. Là encore, si l'on se méfie de ses calculs, la pose « à blanc » des carreaux donne la dimension juste et permet de visualiser les coupes à faire (si possible, ces découpes seront déportées vers les endroits moins visibles).

Pose au mortier-colle

Le gâchage du produit se fait selon les indications du fabriquant. Il est étalé et l'épaisseur dépend de la hauteur des crans de la spatule utilisée.

Au moment de la pose des carreaux, il est plus facile d'utiliser des croisillons du commerce pour obtenir des joints régulier.

Avec une batte de carreleur ou à défaut une planche (munie de mousse pour des carreaux fragiles), sur laquelle on frappe avec un maillet, on tasse les carreaux en vérifiant leur alignement et leur niveau.

Les coupes

En général, les matériaux utilisés à l'extérieur sont assez épais ; une tronçonneuse à disque est nécessaire. Les disques diamantés qui, avant étaient réservés aux professionnels à cause de leur prix, sont moins chers maintenant. Pour un nombre important de coupes, il est rentable de faire l'investissement, le résultat sera meilleur qu'avec un disque à matériaux classique.

Tracer les découpes en pensant à réserver l'écartement du joint avec le carreaux précédent ; si la surface carrelée touche une construction, pied d'un mur par exemple, laisser un espace qui servira de joint de dilatation. Sur le carreau, bien indiquer la partie qui doit être enlevée… Cela évitera les doutes et les erreurs et la perte de carreaux.

Par sécurité, il faut que le carreau à couper soit fixé. Des bricoleurs, que l'on qualifie d'adroits jusqu'à ce qu'ils se blessent, utilisent la disqueuse en calant le carreau avec le pied… Éviter et fixer sur une planche assez épaisse deux tasseaux perpendiculaires qui servent de buttée lors de la coupe.

Les coupes irrégulières ou courbes sont tracées avec un compas ou en appuyant un crayon sur une règle que l'on déplace le long de la paroi à reporter

Dans ces trois cas, il faut dans un premier temps rayer le carreau avec la pointe ou la molette de l'appareil et ensuite le casser comme si on voulait le plier en prenant appui,

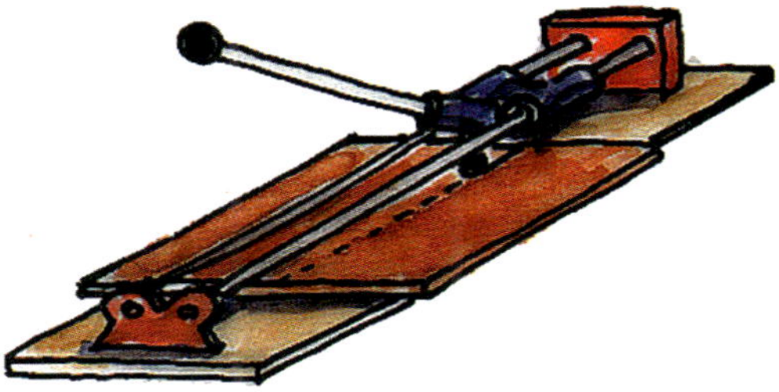

soit avec les mors d'une paire de tenailles, soit sur le renflement prévu de la pince ou de la carrelette.

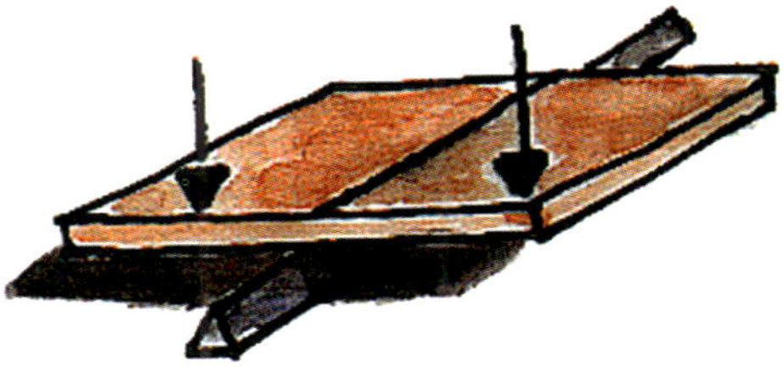

Les joints

Attendre la prise complète du mortier-colle, et si nécessaire enlever les parties de ce mortier qui auraient reflué en tassant les carreaux et aussi retirer les croisillons qui ne sont pas assez enfoncés.
Gâcher le produit de jointoiement pour obtenir une barbotine (mélange assez liquide) et le verser sur les carreaux.

Avec une raclette, bien l'étaler en passant plusieurs fois, dans des sens différents pour que les espaces entre les carreaux soient complètement remplis. Les mouvements de la raclette ne doivent pas être parallèles aux bords des carreaux au risque d'évider les joints. Essayer de laisser un minimum de produit inutile… ce sera autant de moins à nettoyer.

Quand le ciment de joint a commencé à prendre (sur les carreaux, il est déjà sec) nettoyer avec une éponge humide que l'on rince très fréquemment. Comme pour passer la raclette, faire des mouvements en biais par rapport aux joints pour ne pas les creuser. Recommencer l'opération avec de l'eau propre. Si, lorsque tout est bien sec, il apparait des efflorescences blanchâtres, les éliminer avec un produit adapté que l'on trouve dans le commerce.

LE TRAVAIL SUR MÉTAL

Ce travail semble réservé aux professionnels ou bricoleurs chevronnés. Il est vrai qu'il faut acquérir une petite expérience pour avoir, en même, temps la main ferme face à un matériau dense et la main légère quand il faut souder.
Par rapport au travail du bois, les opérations simples comme scier, limer, percer sont un peu plus longues et demandent des outils spéciaux et plus de précautions en particulier pour la sécurité. Il est important, avant tout, de se protéger les yeux - écran transparent (lunettes) pour les risques de projections ou écran inactinique pour les travaux de soudure- sans oublier les mains (gants) et l'ensemble du corps pour la soudure. L'utilisation de matériel électrique (disqueuse, perceuse) doit toujours se faire avec des pièces de métal bien serrées dans un étau ou fixées solidement avec des presses ou un serre-joint.
Pendant le soudage, chauffer le métal n'est pas nocif en elle-même ; par contre si le métal est recouvert de peinture, la combustion de celle-ci peut être dangereuse, tout comme celle des produits décapants pour une soudure hétérogène. Il faut donc se protéger et ne pas respirer les fumées dégagées lors de la chauffe des pièces et travailler dans un local correctement ventilé.
Ces dangers écartés, il est très agréable et assez facile de pouvoir former ou ajuster un morceau de métal puis de l'assembler.

Méthodes d'assemblage

On peut juxtaposer les pièces de métal et les serrer par vis, boulons ou rivets, les souder (on parle de soudure autogène lorsque les pièces assemblées et le métal d'apport, si on en utilise, ont les mêmes caractéristiques, et de soudure hétèrogène quand les métaux en présence sont différents).
Par boulonnage ou rivetage :
Ce type d'assemblage ressemble à ceux réalisés avec du bois. On les réunit en les superposant ou en rapportant une pièce de liaison (plaque, équerre...). Ce n'est pas la technique la plus appropriée au travail du fer mais elle est utilisée quand une soudure est délicate, quand il n'est pas nécessaire que la liaison soit très solide, ou quand il faut se garder la possibilité de démonter. Ce type d'assemblage n'est d'ailleurs pas réservé aux métaux ; il peut être utilisé avec tout autre matériau : matières plastiques par exemple.
Les rivets aveugles : ils sont le grand secours du bricoleur pour fixer une plaque de fer, deux tubes, ou lorsqu'on ne peut accéder à l'un des côtés (d'où leur nom).

Par vissage

Il s'agit de réaliser un filetage dans un cas avec un taraud dans une tôle assez épaisse pour fixer directement une vis et, dans l'autre cas, avec une filière sur un fer rond ou sur un tube, pour visser un écrou.

Ces opérations doivent être effectuées avec beaucoup de patience (sans économiser les huiles essentielles du bricoleur : huile de lubrification et huile de coude) ; les outils utilisés, filières et tarauds, taillant le métal ne doivent pas s'échauffer. Pour cela il faut régulièrement tourner dans un sens sur un ou deux tours puis revenir en arrière pour de nouveau attaquer un peu plus profondément le travail.

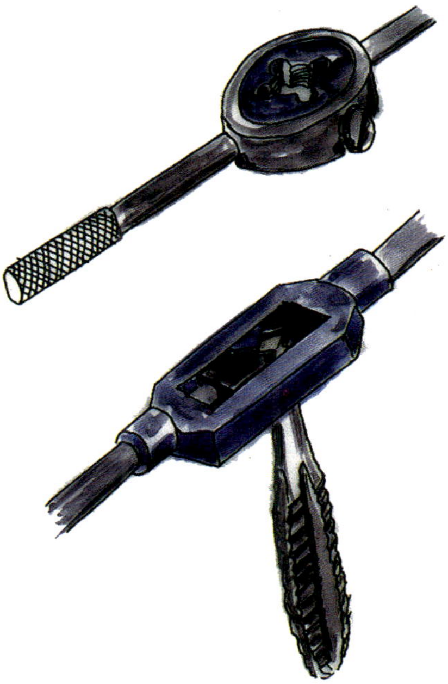

La soudure autogène : soudure à l'arc

Il existe dans le commerce des postes à soudure à l'arc présentant une gamme étendue de performances liées d'une part à l'intensité de soudage et donc aux possibilités d'utiliser des électrodes plus ou moins grosses et d'autre part à la capacité de souder en continu.

Plus les matériaux ont des sections importantes, plus le poste doit être puissant.
Les profils les plus couramment utilisés pour des constructions dans le jardin sont les tubes (armatures), les barres en T ou en L, parfois en I (cadres et renforts), les fers pleins (décorations) et les tôles (panneaux).

Le diamètre des électrodes et les valeurs moyennes d'intensité à utiliser sont indiquées par le fabriquant sur les emballages. En règle générale, pour le travail d'un amateur, on dit que le diamètre de l'électrode doit être égal à l'épaisseur de métal soudé.

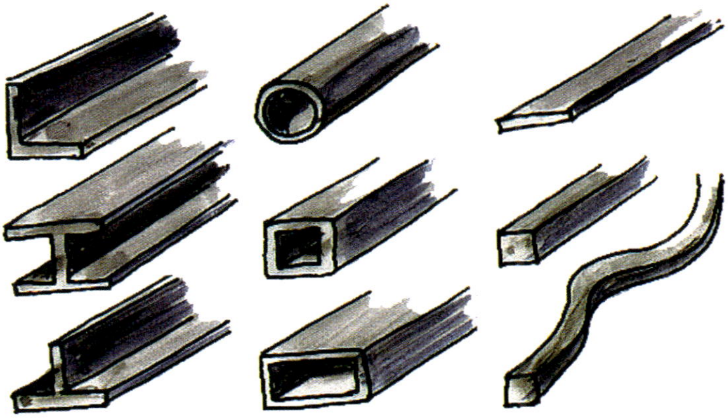

Préparation des pièces

Selon leur épaisseur on évase plus ou moins l'espace entre les bords pour que les deux parties fondues et le métal d'apport soient homogènes sur toute l'épaisseur. On place les pièces fines, jusqu'à deux millimètres, bord à bord (1), alors qu'on écarte légèrement les autres (2). Pour les plus épaisses, réaliser un chanfrein à 45° pour que la fusion soit bien en profondeur (3), voire, si nécessaire, un chanfrein sur chaque face à partir de dix millimètres (4).

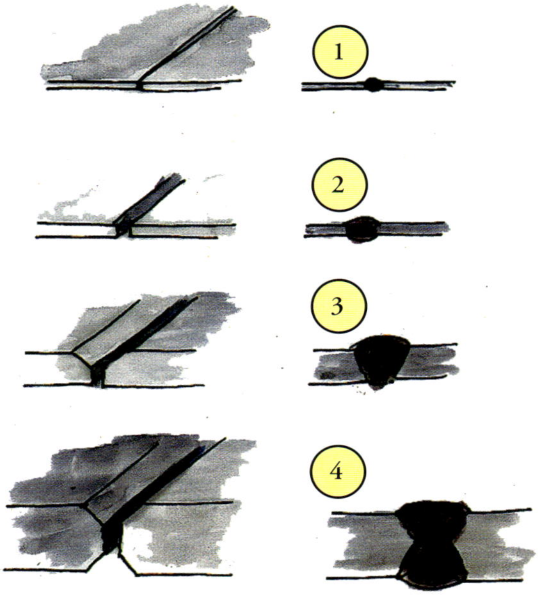

Mise en place / maintien

Les pièces à souder doivent être maintenues par des presses ou être bien calées afin de ne pas se déplacer, surtout au moment de l'amorçage de l'arc électrique.

Penser à l'emplacement de la pince de masse. Pour des assemblages de pièces de petites dimensions, on peut travailler sur une tôle sur laquelle on fixe la pince plutôt que sur l'assemblage lui-même ; une autre possibilité est de fixer cette pince sur un serre-joint métallique ou l'étau dans lequel les pièces sont maintenues.

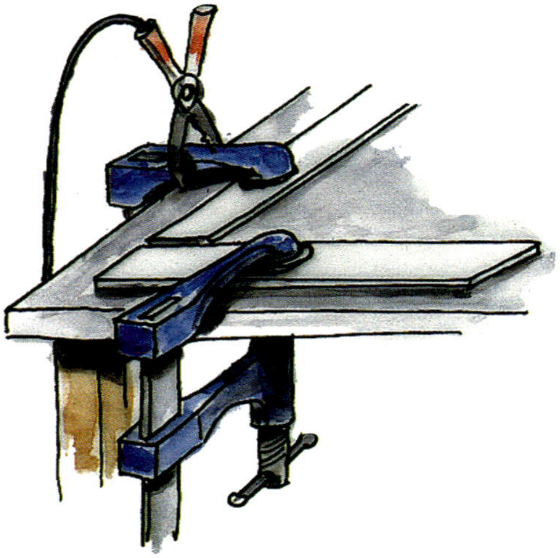

Orientation de l'électrode

Le cordon de soudure (métal qui a été fondu : bords des pièces et métal de l'électrode) doit être régulier. On dit qu'il est « tiré » car l'électrode est inclinée et déplacée vers la partie non encore soudée.

Pour un assemblage de pièces de même épaisseur, l'électrode est dans le plan de la bissectrice de l'angle des deux pièces et inclinée de 60 à 70°.

Pour des épaisseurs différentes, au lieu de la placer sur le plan de la bissectrice, on l'incline plus ou moins sur la pièce la plus fine ; c'est le doigté du soudeur qui détermine cet angle optimum.
L'extrémité de l'électrode doit être proche des pièces et la vitesse de déplacement doit permettre au métal d'atteindre sa température de fusion. On peut déplacer l'électrode très régulièrement en ligne droite pour des tôles assez fines ; pour des épaisseurs plus fortes, il devient parfois nécessaire de « balancer » l'électrode, c'est à dire l'avancer en zig-zag de part et d'autre de l'espace entre les deux pièces de façon à faire un cordon un peu plus large.

Finition
Quand le cordon a refroidi, enlever le laitier (isolant extérieur de l'électrode qui a fondu et qui s'est dépose en surface) en frappant avec un marteau. Cette opération ne doit pas être négligée car ce laitier n'a aucune résistance mécanique et peut, par contre, masquer un manque de soudure qui sera un point de rupture possible : avec la panne large du marteau on dégrossit le travail puis avec la panne pointue on enlève les restes en les piquant ; attention aux projections vers les yeux car non seulement ces petits morceaux sont dangereux mais en plus, quand on est peu patient, ils sont brûlants !
S'il y a des trous dans le cordon il est préférable de reprendre la soudure en reformant un cordon qui couvre le manque.
L'aspect d'une soudure bien réalisée ne nécessite pas de finition particulière. Par contre lorsqu'il a fallu « reprendre » un trou ou lorsqu'il y a des surépaisseurs, un meulage à la disqueuse améliore l'état de surface ; attention cependant, pour des fins purement esthétiques, à pas affaiblir la soudure qui vient d'être réalisée.

La soudure autogène : soudure à la flamme

La chaleur nécessaire à la fusion du métal est obtenue par la combustion d'acétylène enrichie au niveau de la flamme par de l'oxygène.
Le chalumeau est allumé en premier avec l'acétylène que l'on règle à un bon débit (flamme en contact avec la buse) puis on ouvre le robinet d'oxygène pour obtenir une flamme bleue, présentant un dard très lumineux d'une dizaine de millimètres. C'est à l'extrémité de ce dard que l'on obtient les températures les plus élevées (entre 3000 et 3100°).

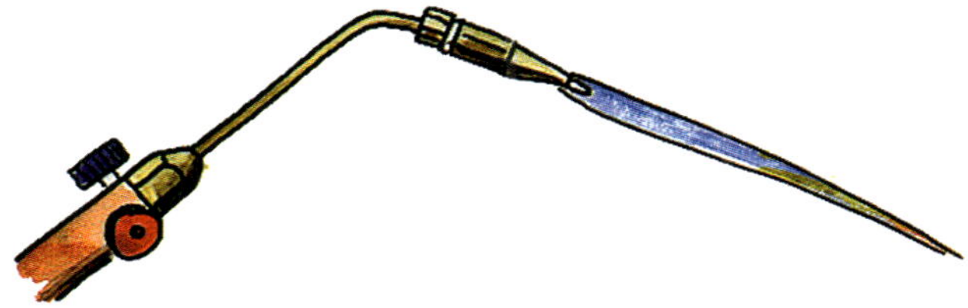

Les principes généraux sont les mêmes que pour la soudure à l'arc électrique. La préparation des pièces à souder dépend de leur épaisseur : bord à bord pour des tôles jusqu'à 2 mm puis un léger espace et enfin un chanfrein à 45° pour des épaisseurs de l'ordre de 5 mm, un chanfrein sur chaque côté pour des épaisseurs supérieures.

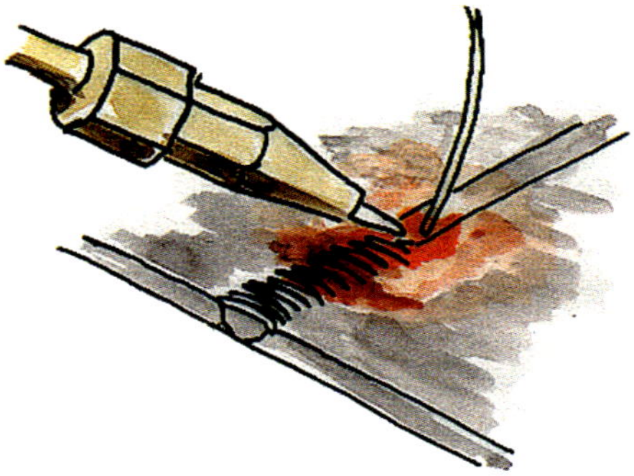

Seule l'orientation de la buse diffère de celle de l'électrode. Elle est de la même façon dans le plan de la bissectrice de l'angle des deux pièces ; par contre, on pousse le bourrelet de soudure en maintenant la buse très près des pièces à souder, sans jamais la faire toucher, la buse est donc inclinée au dessus de la partie déjà soudée.
L'apport de métal se fait en approchant le fil au niveau du dard et du métal en fusion.

La soudure hétérogène à la flamme

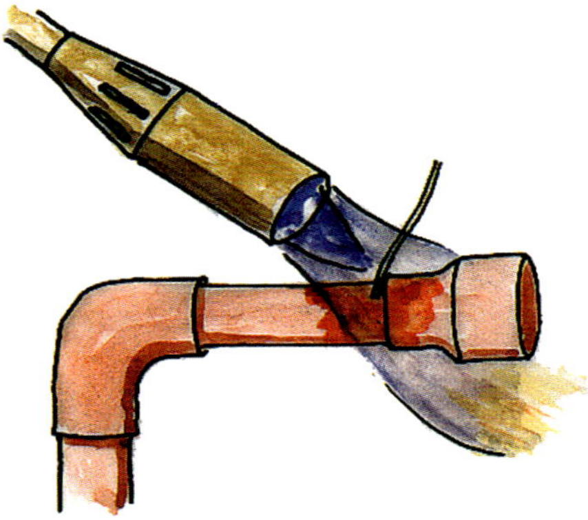

L'utilisation principale en bricolage au jardin de ce type de soudure est la plomberie et nous prendrons comme unique exemple la brasure du cuivre.
Alors que dans la soudure autogène les pièces à souder sont fondues au niveau du cordon de raccordement, dans le cas de soudure hétérogène, seul le métal d'apport est fondu. La chaleur nécessaire est moins élevée ; elle est fournie par la combustion de butane ou de propane dans l'air (plus précisément grâce à l'oxygène contenu dans l'air). Les températures maximum obtenues sont aux environs de 700° ; pour notre exemple une montée à 200° est suffisante.
Il est évident que les possesseurs de chalumeau autogène peuvent l'utiliser en prenant la précaution d'éloigner la buse de l'emplacement de la soudure afin de moins chauffer les pièces.
Contrairement à la soudure autogène où les températures très élevées éliminent les déchets, la soudure hétérogène nécessite une parfaite préparation des pièces par ponçage (toile émerisée) et l'utilisation de décapant qui agit au moment de la chauffe (en évitant le dépôt des résidus de la flamme). Les pièces à souder sont chauffées à une température légèrement supérieure à celle de la fusion du métal d'apport. Si l'on fond le métal d'apport sur des pièces insuffisamment chauffées, celui-ci se durcit sans adhérer ; par contre si les pièces sont trop chauffées, il y a un risque de dénaturer ce métal d'apport. Le choix du métal d'apport et du décapant adapté est fonction de la nature du métal à souder ; pour cela il faut se renseigner auprès du magasin de bricolage.

Pour notre exemple, une brasure à l'étain sur tube de cuivre, le travail est d'une simplicité et d'une fiabilité déconcertantes si l'on prend bien soin de respecter les recommandations : bon nettoyage, bon décapant, bon chauffage.

La soudure hétérogène au fer à souder

Seul le mode de chauffage diffère des techniques précédentes. Les pièces sont montées en température en appuyant la panne d'un fer à souder (chauffée elle-même par une résistance électrique ou par une flamme). Ce type de soudure est utilisé pour l'étamage de fils électriques ou pour des travaux sur des gouttières et chenaux (soudure au plomb sur du zinc).
De la même manière, mettre à nu le support et étaler un flux décapant qui facilite le travail puis le porter à une température légèrement supérieure à celle du métal d'apport et ensuite de mettre ce métal en contact avec les parties chauffées ; on maintient l'ensemble en place jusqu'à refroidissement.

QUELQUES MOTS

Agrégat : gravier ou sable qui entre dans la composition de mortier ou de béton.
Aiguille : fil libre laissé dans une gaine pour tirer les conducteurs (fil de fer, corde...).
Barbotine : mélange pâteux ou liquide de ciment (ou autre liant) utilisé pour faire les joints de carrelage ou la couche d'accrochage d'un enduit.
Bardage : couverture extérieure de murs ; elle peut être constituée de planches, ardoises, tôles...
Béton armé : mélange de ciment, sable et graviers, entourant une armature métallique constituée de fils, barres ou grillage (les proportions sont adaptées à la résistance désirée).
Cadastre : document communal où sont enregistrées les propriétés foncières (limites, surfaces et valeurs).
Chanfrein : surface biseautée qui adoucit l'arête d'une pièce de bois, fer, pierre...
Chant : face étroite d'un objet ; pour une planche, c'est son épaisseur.
Chape : couche superficielle en mortier, généralement au dessus d'une dalle.
Cheville : pièce de blocage dans un assemblage, par exemple tige de bois traversant les deux bois assemblés par tenon et mortaise.
Chevron : pièce de bois de charpente appuyée sur les pannes et supportant les liteaux ; sections courante 4 X 7 cm et 6 x 8 cm.
Ciment : liant pour mortier et béton obtenu par cuisson et qui durcit après avoir été mouillé.
Coffrage : ensemble, le plus souvent en bois, qui sert à contenir les matériaux avant leur durcissement (béton par exemple).
Contreventer : étayage latéral pour maintenir l'équilibre d'une construction (ou d'une plante) ; souvent provisoire le temps de la fixation, parfois intégré dans la construction comme un pilier perpendiculaire à un mur par exemple.
Crépi : couche plus ou moins rugueuse selon l'aspect recherché qui recouvre un mur ; ciment, plâtre, matière synthétique...
Dalle : couche de béton, le plus souvent armé ; elle peut être coulée au sol ou être « suspendue » en ayant des appuis sur des murs ou des piliers et le reste dans le vide.
Disjonteur : système électrique qui coupe le circuit en cas de surcharge et qui peut être réarmé pour rétablir le circuit.
Disjoncteur différentiel : système électrique qui coupe le circuit dès qu'il y a une « fuite » ; comme celle-ci est détectée par un retour à la terre, il faut impérativement que les appareils protégés soient eux-même reliés à la terre.
Damage : action de tasser le sol (en particulier avec une dame que l'on manie verticalement).
Décroûter : enlever le revêtement de surface d'un mur ou la couche superficielle du sol.
Ebarber : limer pour enlever toutes les bavures de sciage.
Efflorescences : traces souvent blanchâtres qui apparaissent après le séchage du ciment ; il existe des produits dans le commerce pour les faire disparaître.
Enduit : revêtement d'un mur pour l'isoler, le renforcer et qui peut l'orner ou recevoir un crépi.
Etayage : construction pour soutenir et renforcer un édifice ; souvent provisoire pour des travaux comme par exemple celui d'un mur à hauteur de linteau pendant le percement d'une ouverture.
Faîtage : sommet du toit ; se dit aussi de la partie de couverture qui protège la jonction des deux pans de toiture.
Ferme : partie porteuse de charpente reposant sur les murs et donnant la forme du toit.
Ferraillage : ensemble de l'armature métallique du béton.
Feuillure : rainure faite sur le chant d'une pièce, comme par exemple celles des montants d'une fenêtre où viennent se loger les vitres.
Film géotextile : tissu synthétique poreux qu'on place dans le sol pour isoler la couche de surface des autres ; il évite en particulier à la terre de refluer en surface.
Fondations : soubassement d'une œuvre maçonnée qui sert d'appui et renforce la stabilité.

Fouilles : tranchées et excavations pour la construction, pour le plus souvent couler les fondations.
Fraiser : évaser un trou pour que la tête de la vis ne dépasse pas.
Fusible : système électrique qui coupe le circuit en fondant en cas de surcharge ; il doit être changé pour rétablir le circuit.
Giron : partie horizontale des marches d'un escalier.
Gond : partie scellée supportant la penture, servant à l'articulation de porte, fenêtres ou volet.
Hérisson : lit de pierres sous une dalle ; normalement c'est un assemblage de pierres sèches, pointes vers le haut.
Liant : matière qui, mélangée à d'autres matériaux durcit après avoir été humidifiée.
Limon : joue latérale d'un escalier sur laquelle sont fixées les marches.
Linteau : partie en bois, pierre, béton ou métal, au-dessus d'une ouverture, qui maintient la maçonnerie.
Liteau : latte de bois de petite section ; en charpente c'est sur les liteaux que sont accrochés le matériaux de couverture.
Mortaise : voir tenon.
Mortier : mélange d'un liant (ciment, chaux...), de sable et d'eau.
Mouflage : système pour démultiplier la force de traction d'une corde en formant des anneaux ; c'est plus efficace quand on diminue les frottements en utilisant des poulies.
Panne : pièce horizontale de charpente entre deux pignons ou fermes.
Panne faîtière : panne formant le sommet du toit.
Parclose : petit tasseau fixé autour d'un panneau, généralement une vitre, pour le maintenir sur des montants à l'intérieur d'une feuillure.
Penture : bande métallique fixée sur le battant d'une porte ou d'un volet s'articulant sur le gond.
Portée : distance entre deux appuis.
Puisard : volume creusé dans le sol et rempli de blocs (pierres, béton...) facilitant l'infiltration dans le sol de l'eau drainée.
Rive : bordure latérale de toiture ; on parle de tuile de rive ou chevron de rive.
Tenon et mortaise : assemblage de deux morceaux, généralement de bois, dont l'extrémité de l'un s'encastre dans l'autre ; le tenon est la partie mâle, la mortaise est la partie femelle.
Terrassement : concerne tout travail de mouvement de terre : creusement, transport...
Tout-venant : matériau assez grossier de remblai, composé le plus souvent de terre et de pierres.
Voilage : défaut du bois qui se déforme en hélice (les largeurs ne sont plus dans le même plan) ; se dit aussi du défaut d'une construction.

TABLE DES MATIÈRES

INTRODUCTION 7

LES GROS TRAVAUX 11

LA CONCEPTION 12

L'état des lieux 12

Les implantations 13

La simulation 14

Recommandations générales 15

DRAINAGE - ARROSAGE 19

Drainage 19

Arrosage 20

ELECTRICITÉ 25

Quelques données techniques 26

Montage d'un allumage simple 29

Montage d'un allumage en va et vient 30

Montage d'un allumage avec télérupteur 30

Montage d'un allumage avec détecteur infrarouge 30

Montage d'un ensemble portier de villa avec gâche électrique 31

Montage d'un allumage à commandes multiples 31

CRÉATION D'UN RUISSEAU OU D'UN BASSIN 32

Le creusement 32

La construction en béton 33

Le bassin en PVC souple 33

Finition commune aux deux types 34

MURS, CLÔTURES ET PORTAIL 35

LES MURS 36

Le choix des matériaux 36

Créer, construire un mur ou un muret 36

Un mur en pierres sèches 41

Les réparations 43

LES CLÔTURES 46

Clôture grillagée 46

Clôture sur muret 48

Clôture avec des panneaux 49

CONSTRUCTION D'UN PORTAIL 50
Les débits 51
Les montants, ... 51
Le cadre, ... 51
Les barreaux, ... 52
Les panneaux hauts 53
Les panneaux bas 54
Les décors 54
Le verrou 55
Les pivots 55
La serrure 56
La mise en place du portail 56

LES ALLÉES ET LES ESCALIERS 58

LES ESCALIERS 59
Le plan et le traçage 60
Le terrassement 61
Sur pente faible : un escalier en rondins 61
Un escalier en pierres 63
Un escalier coffré 64

LES ALLÉES 66
Le sous-sol 66
Les bordures 67
Exemple de réalisations 67

LES BATIMENTS ET LES PERGOLAS 72

UN ABRI DE JARDIN 73
Principes 73
Dimensions 73
Fondations 73
Débits de bois 74
Réalisations des assemblages 74
Assemblages du poinçon 75
Assemblages des angles : pignon-poteau-panne 75
Ordre de montage 76
Scellement des embases de poteaux 76
La couverture 77
Les parois 79
Les ouvertures 81

GLORIETTES ET PERGOLAS 83
La structure : un jeu de construction en bois 83
Les constructions plus complexes 84
MOBILIER DE JARDIN 89
MEUBLES 90
Ensemble table et bancs 90
Une petite table carrelée 91
LE COIN DES JEUX D'ENFANTS 99
Bac à sable 99
Jeux de construction 101
De quoi grimper 103
POTS, JARDINIÈRES ET SUSPENSIONS 107
Jardinières fixes 107
Jardinières mobiles 108
Les pots et les habillages 111
UNE NICHE POUR CHIEN 118
Débits 118
Mise en place 119
LES NICHOIRS ET MANGEOIRES 118
Un nichoir boite aux lettres ou à balcon 119
Un nichoir à chauve-souris 123
Autres modèles 123
LE COIN TECHNIQUE DU JARDINIER 125
CHASSIS, ET MINI-SERRE 126
La partie maçonnée 126
Les chassis classiques 126
Les chassis plus modernes 127
UN SILO À COMPOST 128
UN INCINÉRATEUR 131
Le fût 131
La construction en briques 132
CONSTRUIRE UN HAMAC 134

LES TECHNIQUES 136

LES OUTILS 137

La caisse à outils 137
Mesure et traçage 138
La maçonnerie 138
Le bois 139
Le fer 139

Le travail du bois 144

Les bois utilisés 145
La protection 146
L'outillage 147
Les assemblages 148
Le cintrage du bois 150

Mortiers et bétons 152

Les composants 152
Les volumes, les poids et dosages 152
Ferraillage 154
Réalisation d'une dalle 155
Réalisation d'une chape 157
Carrelage 158

Le travail sur métal 162

Méthodes d'assemblages 162
Soudures 163

GLOSSAIRE 168

CONCLUSION 174

En conclusion…

Il fait bon vivre dehors.

Dans certaines régions on construit des abris qui protègent du soleil, dans d'autres, on les prévoit un peu plus étanches ; sous les premiers on cherche la fraîcheur, sous les seconds il faut prévoir la possibilité de se réchauffer…

A chacun d'aménager à sa guise.

A chacun de rejoindre le clan des bricoleurs et de perfectionner ses techniques et tours de main pour passer de la bricole « bof ! » ou « pouah ! » au travail « oh ! » ou « ah ! ».

Pour les récalcitrants, mais je doute qu'ils soient arrivés à ces lignes, il reste à démontrer que l'activité qui les répugne est ancienne et figure dans le langage courant, ne dit-on pas :

- que le premier qui n'a jamais bricolé, pose la première pierre…
- un bricolage raté, dix réussis…
- qui a bricolé, bricolera…
- un qui fonctionne vaut mieux que dix en panne…
- bien mal frappé ne profite jamais aux doigts…
- rouille au balcon, peinture à l'horizon…
- il n'y a pas d'age pour le bricolage…
- mieux vaut vernir que ternir…
- l'avenir appartient à qui démonte tôt les réveils-matin…

Cette liste ne peut être que partielle et, si c'est bien au pied du mur qu'on voit ce que le maçon a fait tomber, on peut affirmer :

« La raison du bricoleur est toujours la meilleure ! »

Achevé d'imprimer en mars 2000
Dépôt légal à parution

Imprimé en C.E.E.